ESSAI HISTORIQUE

SUR

L'ORIGINE DES HONGROIS.

Imprimerie de Guiraudet et Jouaust,
rue Saint-Honoré, 315.

ESSAI HISTORIQUE

SUR

L'ORIGINE DES HONGROIS,

PAR

A. DE GERANDO.

Nullius sectæ.
Quint

Paris,
AU COMPTOIR DES IMPRIMEURS-UNIS,
QUAI MALAQUAIS, 15.

1844

ESSAI HISTORIQUE

SUR

L'ORIGINE DES HONGROIS.

PRÉAMBULE.

S'il est vrai qu'au point de vue historique, les renseignements pris sur les lieux sont précieux à recueillir, et qu'un écrivain peut demander d'utiles secours au peuple qui fait le sujet de ses études, il faut reconnaître que c'est principalement en recherchant les origines de ce peuple qu'il sera tenu de le consulter.

Une nation venue de loin s'empare d'une contrée nouvelle; elle s'y établit, et combat pendant plusieurs siècles ses nouveaux voisins. Les chroniques de ces derniers vous donneront peut-être sur les guerres qui auront été faites des éclaircissements suffisants. Mais qui pourra dire d'où est sortie cette nation inconnue, qui vous apprendra son origine, si ce n'est la nation elle-même? Elle n'a pas encore d'annalistes. Mais attendez qu'elle se fixe, qu'elle forme un état stable : aussitôt de patients écrivains vont se mettre à l'œuvre, et rapporteront, sans même retrancher de leurs récits les suppositions fabuleuses, les traditions qui se sont encore conservées. De là l'importance, pour chaque peuple, des historiens nationaux.

Les données de ces chroniqueurs ne seront pas vos seules ressources. Il vous restera encore à voir cette nation elle-même, à observer sa physionomie, ses mœurs, à étudier sa langue, à la connaître enfin. Les renseignements que vous puiserez ainsi seront plus sûrs que les hypothèses des peuples voisins qui ont vu camper tout à coup au milieu d'eux une nation étrangère.

Ce n'est pas dans le but de rechercher les origines des Hongrois que j'ai primitivement visité la Hongrie. Mais il est impossible de faire un long séjour dans le pays sans étudier cette question historique, l'une de celles qui intéressent au plus haut point le voyageur. J'étais arrivé avec des idées toutes faites. Je publie celles que j'ai rapportées. Peut-être obtiendront-elles la confiance du lecteur, puisque ce ne sont pas les miennes, mais qu'elles appartiennent aux Hongrois eux-mêmes.

La question de l'origine des Hongrois a été diversement résolue. Jornandès fait descendre les Huns des femmes que Filimer, roi des Goths, chassa de son armée, parce qu'elles entretenaient un commerce avec les démons. Cette origine diabolique, qui s'est étendue aux Hongrois, a eu plus de défenseurs qu'on ne serait tenté de le croire, et bien après Jornandès un écrivain ne trouvait pas d'autre moyen d'expliquer le mot *magyar* qu'en le faisant dériver de *magus*, magicien (1). Les uns disent que les Hongrois sont des Lapons (2); les autres écrivent qu'ils sont Kalmoucks (3), et pensent donner plus de force à leur opinion en invoquant une ressemblance de physionomie imaginaire. Les Hongrois sont d'origine turque, dit-on encore; leur langue le prouve : les empereurs de Constantinople

(1) Le nom de Hongrois vient du latin ***Hungari***, qui lui-même dérive de l'allemand ***Ungarn***. Dans leur langue, les Hongrois se nomment ***Mágyar*** (prononcez ***Mádiár***).

(2) Jos. Hager, ***Wien***, 1793.

(3) Spittler, *Berlin*, 1794.

les nommaient Τουρκοι, et encore aujourd'hui les Turcs les appellent de « mauvais frères », parce qu'ils leur ont fermé l'entrée de l'Europe. Un autre les confond avec les Huns, et les fait venir du Caucase sous le nom de Zawar (1). D'autres enfin les appellent Philistéens ou Parthes, et leur donnent la Juhrie ou Géorgie pour patrie. Les quinze ou vingt noms différents que dans diverses langues les chroniqueurs ont donnés aux Hongrois augmentent encore les difficultés qui entourent nécessairement une question de ce genre, quand on veut rechercher leurs traces dans l'histoire.

C'est surtout en Allemagne qu'on s'est occupé de l'origine des Hongrois. En France on paraît s'en être rapporté à nos savants voisins, qui, placés plus près de la Hongrie et pouvant puiser à des sources plus certaines, semblaient appelés à résoudre le problème. Or en Allemagne on a adopté l'opinion émise par Schlœzer, illustre professeur de Gottingue, qui n'hésite pas à donner aux Hongrois une origine finnoise; d'où il suit que nous sommes porté à croire qu'ils sont effectivement Finnois d'origine.

(1) Dankovski, *Pressburg*, 1823.

Je n'ai certes pas la prétention de décider une question semblable : mon seul but est de rappeler ce que les Hongrois ont pensé et écrit à ce sujet, et dont, il faut l'avouer, on n'a guère tenu compte. Il a été dit que les Magyars ont parfaitement admis l'origine qu'on leur suppose, et qu'ils se donnent eux-mêmes pour Finnois. Cela est inexact. Un petit nombre d'entre eux, séduits par l'attrait d'une idée nouvelle, ont écrit, il est vrai, dans ce sens à la fin du siècle dernier. Mais ce sont surtout les Slaves de la Hongrie, qu'il faut bien se garder de confondre avec les Hongrois, qui ont adopté l'opinion de Schlœzer : ils méritent la même confiance que les autres écrivains étrangers, ni plus ni moins. Pour les Magyars, ils ont assez protesté contre l'espèce d'arrêt qu'on avait rendu sans les entendre; et ils ont protesté, dans ces derniers temps, en vue d'une idée sérieuse. En effet, l'opinion des savants a une conséquence positive, qui, si elle devait échapper à des hommes d'étude, frappe vivement tous les Hongrois, et aujourd'hui plus que jamais : c'est-à-dire que, la Hongrie étant habitée par cinq millions de Finnois d'une part, et de l'autre par six millions de Slaves, les empereurs de Russie, dans un avenir qui peut-être n'est pas bien éloigné, pourraient élever des prétentions sur ce royaume, ou au moins le comprendre entre les pays sur lesquels, comme chefs de la grande famille slave et de la grande famille finnoise, ils ont l'ambition d'exercer leur influence.

Ces prétentions, au reste, ne seraient pas nouvelles. Pierre le Grand dit ouvertement au prince Rákótzi, en Pologne, que les Hongrois étaient des *sujets fugitifs* de son empire, partis de la Juhrie (1); et il est constaté que, si Rákótzi ne tira pas alors des Russes les secours qu'il pouvait en attendre, ce fut parce qu'il se défia de la pensée intime du tzar (2). Il est également hors de doute que les dissertations historiques tendant à prouver que les Magyars sont les frères des Finnois-Russes furent toujours extrêmement goûtées à Saint-Pétersbourg. Schlœzer reçut une croix russe après avoir mis en avant l'idée de l'origine finnoise. Samuel Gyarmathi dédia à Paul Ier l'ouvrage dans lequel il s'efforçait de démontrer l'affinité des langues finnoise et magyare (3), et l'empereur ne manqua pas de témoi-

(1) Mathias Bel.

(2) V. les *Mémoires du prince François Rákótzi*.

(3) *Affinitas linguæ hungaricæ cum linguis fennicæ originis grammatice demonstrata*. Gottingæ, 1799.

gner à l'écrivain toute sa satisfaction. Enfin, dans l'année 1826, l'Académie des sciences de Saint-Pétersbourg, de sa propre inspiration ou non, prenait encore la peine de rechercher l'origine des Hongrois, quoiqu'il y ait au cœur de l'empire russe des populations dont l'origine eût été bien plus intéressante à trouver.

Telle est l'importance politique, c'est là le mot, que l'on peut donner à une question en apparence purement spéculative.

§ 1.

LES HONGROIS SONT-ILS FINNOIS?

Nous arrivons à l'examen des preuves apportées par Schlœzer et ses partisans. Les écrivains allemands invoquent, à l'appui de leurs assertions, une phrase du chroniqueur russe Nestor, et l'affinité des langues hongroise et finnoise.

Pesons leurs arguments. Recherchons ensuite si les deux langues ont une affinité quelconque. Nous terminerons par une comparaison rapide des deux races, qu'on a trop négligé de faire jusqu'ici.

Voyons d'abord la phrase de Nestor :

« Dans l'année 898, les Hongrois passèrent devant Kiew sur une montagne, qui est appelée aujourd'hui hongroise. Ils venaient du Dnieper, et restèrent là sous des tentes, parce qu'ils marchaient comme les Polowtsi. Ils étaient venus d'Orient, passèrent de hautes montagnes nommées montagnes hongroises, et commencèrent à guerroyer avec les Valaques et les Slaves qui habitaient là (1). »

A cette phrase, qui a le mérite d'être fort claire, on ajoute le commentaire suivant : Il y avait au treizième siècle, dans le pays des Finnois, une contrée où l'on parlait la langue magyare, et qui, avant l'époque du trajet des Hongrois décrit par Nestor, s'appelait Ugra, Ugorskaja; par conséquent les Hongrois ont dû partir de ce pays, puisqu'il portait leur nom avant qu'ils se missent en marche, et qu'ils y ont laissé des compatriotes. On prouve que cette contrée s'appelait Ugra, Ugorskaja, avant l'émigration des Magyars, en citant ce fait « que, dans la langue des nouveaux arrivants, les hommes de Moscow reconnurent celle des habitants d'Ugra ». On prouve en outre qu'on y parlait hongrois au treizième siècle en s'appuyant sur l'autorité de voyageurs, tels que le moine Julian (1240), Plan Carpin (1246), envoyé chez les Mongols par le pape Innocent IV, et Rubruquis (1253),

(1) Nestor. *Russische Annalen, in ihrer Slowenischen Grundsprache : erklært und übersetz von* Aug. Lud. V. Schlœzer. *Gœttingen*, 1802. V. une brochure intitulée *Abkunft der Magyaren. Pressburg*, 1827.

envoyé par saint Louis, roi de France. Puis, quand les preuves manquent aux assertions, on a recours à des étymologies incroyables : on dit, par exemple, que Magyar et Baschkir sont un seul et même mot.

Que les Hongrois aient campé dans cette partie de l'Europe comprise entre le Jaïk, la mer Caspienne et le Volga, c'est ce dont personne ne doute. Qu'une séparation ait eu lieu dans cette contrée entre les bandes émigrantes, c'est encore ce que l'on peut soutenir. En effet, les Magyars ont marché vers la Pannonie en laissant en chemin des milliers d'hommes, comme cela arrivait dans toute émigration. On aurait tort de penser que tous les Hongrois fixés aujourd'hui en Europe sont venus dans le même temps. Les Sicules de la Transylvanie, les Hongrois qui vivent dans les *Puszta*, les Steppes, et ceux qui habitent la Moldavie, se sont suivis à des siècles d'intervalle.

Ce fut une tradition non interrompue chez les Magyars, même après qu'ils se furent définitivement établis en Pannonie, qu'une grande partie de leurs frères s'étaient séparés d'eux pendant la route. Tant que les Magyars cherchèrent à s'avancer vers l'occident, c'est-à-dire jusqu'à Geyza, ils s'occupèrent peu de ces compagnons éloignés qui pouvaient les rejoindre dans la suite ; ils continuèrent à aller plus avant, sans y penser davantage. Mais lorsqu'ils eurent renoncé à la vie nomade et aventureuse, quand le royaume de Hongrie se forma, s'organisa, les Magyars commencèrent à s'inquiéter de ceux qui étaient restés en chemin et qui ne venaient pas. Diverses expéditions furent entreprises dans le but de les amener en Hongrie.

La première paraît avoir eu lieu deux siècles après Geyza. « Quatre moines se dirigèrent vers l'Asie pour chercher leurs frères ; ils voyagèrent longtemps par terre et par mer, bravant toutes sortes de fatigues, mais sans succès. Un seul, nommé Othon, dans une contrée habitée par des payens rencontra quelques hommes de sa langue qui lui apprirent où se trouvaient les autres ; mais il n'entra pas dans leur pays, et revint au contraire en Hongrie pour prendre des compagnons et tenter un nouveau voyage. Malheureusement il mourut huit jours après son retour. » Cette phrase est non pas traduite, mais tirée d'un manuscrit du Vatican qui donne le récit de la seconde expédition.

Elle fut entreprise en 1240 sous Béla IV. Le moine hongrois Julian et trois autres religieux firent route vers Constantinople, voguèrent trente-trois jours sur la mer Noire, arrivèrent dans le pays de Sichia (*terra Sichia*), et après une marche de treize jours dans un désert, où ils ne virent ni hommes ni habitations, ils atteignirent l'Alanie chrétienne (*Alaniam christianam*). Ils y restèrent six mois; mais, ayant épuisé leurs ressources, et se trouvant réduits aux suprêmes nécessités, ils se résolurent à vendre deux d'entre eux comme esclaves. Ces deux moines ne savaient pas labourer et ne trouvaient pas d'acheteurs : ils pensèrent donc à retourner dans leur patrie. Les deux autres traversèrent pendant trente-sept jours un désert où ils ne rencontraient aucune route, et arrivèrent à Bunda, ville du pays des Sarrasins. Ils gagnèrent ensuite une seconde ville du même pays, où le compagnon de Julian mourut. Julian, resté seul, devint esclave d'un prêtre avec lequel il se rendit dans une grande ville d'où pouvaient sortir cinquante mille guerriers. Là il rencontra une femme hongroise, puis vers le Volga il trouva beaucoup de Magyars qui l'entourèrent avec joie et le questionnèrent sur leurs frères chrétiens : ils parlaient la pure langue magyare. Quoiqu'ils fussent payens, ils n'adoraient aucune idole. Ils ne cultivaient pas la terre, se nourrissaient de viande de cheval, et buvaient du sang et du lait de jument. Ils savaient par tradition qu'ils étaient les frères des Hongrois chrétiens ; mais ils ignoraient complétement où ces derniers étaient établis. Leur bravoure les avait rendus redoutables ; vaincus par les Tatars, leurs voisins, ils avaient ensuite fait alliance avec eux et ravagé ensemble quinze royaumes. Julian rencontra parmi eux des Tatars, et l'envoyé du khan tatar, lequel parlait plusieurs langues (*ungaricum*, *rhutenicum*, *cumanicum*, *teutonicum*, *sarracenicum* et *tartaricum*). Il fut sollicité par ses frères de rester avec eux ; mais deux raisons le déterminèrent à revenir en Hongrie : il craignit qu'en convertissant à la foi catholique les Hongrois payens, il ne donnât l'éveil aux rois barbares qui se trouvaient placés entre eux et les Hongrois chrétiens ; il craignit également de mourir avant de revoir ses compatriotes, et d'emporter le secret de sa découverte. En conséquence il quitta ses frères payens, et, se faisant indiquer une route plus directe, il retourna en Hongrie après avoir encore voyagé par terre et par mer.

Vraisemblablement ces deux expéditions, dont on n'aurait pas eu connaissance sans le manuscrit du Vatican, ne furent pas les seules que les Magyars tentèrent. Bonfinio écrit que Mathias Corvin, ayant appris par des marchands qu'il y avait des hommes de sa race dans un pays éloigné, résolut de les appeler en Hongrie, et que la mort seule l'empêcha de mettre ce projet à exécution.

Il est certain que les Hongrois qu'on cherchait étaient restés dans cette contrée située entre le Jaïk, le Volga et la mer Caspienne. C'est en arrivant vers ces parages que le moine Julian trouve ses compatriotes. Le tort des écrivains allemands est de placer la Grande-Hongrie, comme on l'appelle, aux sources du Volga, et de s'appuyer sans raison sur les récits des voyageurs, lesquels, comme il est évident, font mention du pays situé à l'embouchure de ce fleuve (1).

Remarquons en effet la route suivie par les moines dans les deux expéditions. Les premiers voyagent trois ans par terre et par mer. Ont-ils pris la

(1) Ces Hongrois se seront peut-être fondus avec les Tatars, auxquels, d'après le manuscrit de Vatican, ils étaient déjà réunis au treizième siècle. Peut-être aussi auront-ils marché vers le Caucase, où se trouvent aujourd'hui encore des Magyars. (V. le voyage de Besse, dont quelques extraits sont placés à la fin de ce travail.)

route de Moscou ? Evidemment non. Ils se sont dirigés vers l'Asie, comme le manuscrit le rapporte. Les seconds vont à Constantinople s'embarquer sur la mer Noire, et traversent des déserts pour arriver au Volga. Ont-ils pensé à aller chercher leurs compatriotes en passant devant Kiew et en gagnant Moscou? Évidemment non. Une phrase du manuscrit montre qu'ils ne savaient pas à la vérité où les trouver. *Inventum fuit in gestis Hungarorum christianorum quod esset alia Ungaria major.... Sciebant etiam per scripta antiquorum quod ad orientem essent; ubi essent, penitus ignorabant.* Mais, s'ils ignoraient la position certaine de cette Hongrie, ils étaient sûrs du moins qu'elle était située à l'orient, et non pas au cœur de la Russie, comme le veulent les écrivains allemands. Nestor écrit : Ils étaient venus de l'Orient; il ne dit pas : Ils étaient venus du Nord.

C'est donc dans cette contrée dont nous avons fixé les limites qu'avait eu lieu la séparation entre les bandes. La plus grande partie des émigrants était descendue vers le sud-ouest, tandis que quelques milliers de guerriers avaient fait halte près de la mer Caspienne. C'est pourquoi les moines traversaient la mer Noire et cherchaient le Volga.

Ainsi, en disant que le peuple magyar partit du pays d'Ugra, passa devant Moscou et alla guerroyer avec les Valaques et les Slaves, les écrivains allemands se trouvent en opposition frappante avec les traditions hongroises, qui, au treizième siècle, étaient encore assez fortes pour que des hommes isolés allassent, à travers mille dangers, chercher leurs compatriotes à l'orient.

Plan Carpin dit que « la Cumanie a immédiatement au Nord, après la Russie, les Mardouins, les Bilères, c'est-à-dire la Grande-Bulgarie, les Bastargues ou la Grande-Hongrie... » Les noms des peuples qui environnent la Grande-Hongrie prouvent qu'il n'est pas ici question des sources du Volga, et on est confirmé dans cette pensée par une phrase de Plan Carpin qui vient ensuite : « A l'ouest sont la Hongrie et la Russie. » Bien certainement, si Plan Carpin a rencontré des Magyars près du Volga, c'est à l'embouchure de ce fleuve. En outre, dans l'atlas manuscrit de Pierre Vesconte d'Ianna, dressé en 1318, et qui se trouve dans la bibliothèque impériale de Vienne, ainsi que dans d'autres cartes du même siècle, on voit le nom de Comania ou Chumania au nord de la mer d'Azow (1). Si

(1) Besse, *Voyage en Crimée, au Caucase*, etc.

la Cumanie était située au nord de la mer d'Azow et la Grande-Hongrie au nord de la Cumanie, immédiatement après la Russie, c'est-à-dire vers l'est, il est clair que la Grande-Hongrie n'était pas éloignée de l'embouchure du Volga, tandis qu'elle était séparée par une grande distance des sources de ce fleuve.

Ce ne sont pas là les seuls faits sur lesquels nous nous appuyons. Nous trouvons dans les historiens bysantins, qu'il faut toujours consulter quand on parle des Hongrois, que les Magyars étaient campés près du Volga et de la mer Caspienne à l'époque où on prétend qu'ils étaient encore réunis aux Finnois. On lit en effet dans Siméon, Léon le Grammairien, Zonare et Ménandre, que « l'ambassadeur de Justin, Zemarchus, envoyé chez Dsabul, chef des Turcs, rencontra les Hongrois qui habitaient entre le Jaïk et le Volga. » Il s'agit positivement ici des Hongrois, car les historiens grecs ont soin de les distinguer des Turcs. Cette ambassade est de 569. Or on prétend que les Magyars se séparèrent des Finnois en 625.

Les écrivains allemands sont donc démentis par les historiens bysantins, lesquels montrent les Magyars dès 569 près de la mer Caspienne. Ils sont de plus combattus par les traditions hongroises, qui placent précisément dans cette contrée la Grande-Hongrie, quand ils croient la trouver aux sources du Volga. Est-il un argument ou un fait qui démente des preuves puisées à deux sources si différentes? Aucun. Et quand on fait venir les Magyars de la Laponie, de la Carélie ou de la Finlande, s'appuie-t-on sur quelque autorité? Nullement. Ce prétendu voyage des Hongrois à travers la Russie ne se retrouve dans aucun des historiens du Nord. Ni Starcater, l'auteur le plus ancien, car il écrivait au neuvième siècle; ni Evinn Salda Piller, qui vivait au dixième; ni Adam de Brême, du onzième; ni Saxo Grammaticus, du douzième; ni Snorro Sturleson, du treizième; ni Petrus Teutoburgicus, du quatorzième siècle, n'en font mention.

Notons en passant que les savants allemands sont loin de présenter une concordance d'opinion qui approche de cet accord signalé entre les historiens grecs et les traditions hongroises. Engel, par exemple, écrit: *Pars Hungarorum e Lebedia per Patzinacitas pulsorum directe versus Persidem, tanquam in vetus aliquod et consuctum domicilium properarunt* (1).

(1) *Viennæ*, 1791.

Il ajoute que les Magyars restèrent en Lebedie deux cent trois ans. Mais l'année de leur apparition en Hongrie est 884 : de là ôtez 203, reste 681. Ce dernier chiffre, comparé à 625, l'année de la prétendue séparation, donne une différence de cinquante-six ans. Les Hongrois, qui n'ont pu habiter la Perse qu'après avoir quitté les Finnois, ne seraient donc restés que cinquante-six ans dans cette contrée. Est-ce à un pays habité cinquante-six ans qu'on donne le nom de *vetus et consuctum domicilium?* Sur l'observation que cela est absurde, on s'empresse de reculer la date de la séparation convenue jusque là : chacun la rejette le plus loin possible, et, de sentiment en sentiment, de siècle en siècle, nous arrivons jusqu'à Gebhardi, qui la place avant l'ère chrétienne. Accordez, s'il y a moyen, toutes ces opinions divergentes.

On a remarqué que jusqu'ici il n'a pas été parlé des historiens hongrois. C'est parce qu'on les accuse de dire tout autre chose que la vérité. Nous avons consulté les historiens grecs, dont on n'a pas encore mis la véracité en doute, et les relations des voyageurs que les écrivains allemands s'empressent eux-mêmes de citer. Mais puisque nous sommes en droit de faire retomber sur Schlœzer le reproche d'inexactitude qu'il adressait à tous les historiens nationaux, nous rappellerons que ces écrivains ne parlent pas une seule fois des sources du Volga, tandis qu'ils font camper les Hongrois à l'embouchure de ce fleuve dans le même temps que les historiens bysantins. En effet, qu'on jette les yeux sur une carte d'Europe, on verra que les rivages de la mer Caspienne étaient un lieu de halte naturel entre l'Asie, d'où venaient les Magyars, et la Pannonie, où ils sont arrivés.

En résumé donc, les écrivains qui, complétant les renseignements fournis par Nestor, font partir les Magyars d'une Hongrie placée aux sources du Volga et leur tracent une route à travers la Russie, avancent des faits qui ne sont confirmés par aucun historien du Nord, et qui sont démentis de la manière la plus formelle par les récits des voyageurs, par les traditions hongroises du treizième siècle, et par les historiens hongrois appuyés des historiens bysantins.

On peut faire une observation qui seule prouverait que les Hongrois n'appartiennent pas à la race finnoise.

Il existe en Transylvanie deux cent mille hommes appelés *Székely*, *Sekler* ou *Siculi*, mais qui sont

Hongrois, comme les Cumans et les Jaziges de la Hongrie. Ils se donnent eux-mêmes pour Hongrois, et ils ont la même langue, le même caractère et la même physionomie que les Magyars. Ils sont fixés dans le pays depuis le cinquième siècle. C'est un fait historiquement prouvé. Or comment expliquer la présence en Transylvanie d'une tribu finnoise dès le cinquième siècle?

Il est impossible de répondre à cette question. On ne s'explique la présence des Sicules qu'en acceptant les traditions hongroises et les historiens hongrois.

Passons à la seconde preuve produite par les écrivains allemands, l'affinité des langues.

On a dit qu'une foule de mots semblables se retrouvaient en hongrois et en finnois, et que les deux langues avaient une même grammaire.

Gyarmathi, dans un ouvrage qui a été cité, donne une suite de pages contenant des mots hongrois et finnois avec la traduction latine en regard. Des dictionnaires comparatifs ont été publiés. Au moment où l'on ouvre ces livres, en voyant cette file imposante de colonnes, on est sur le point de se croire convaincu. Mais que doit-on penser quand, en les parcourant un instant, on trouve les mots suivants comme exemples de similitude.

Finnois.	*Hongrois.*	
suma	homály	ténèbres
sade	eső	pluie
yö	éj	nuit
olca	váll	épaule
acca	idő	temps
tuuli	szél	vent
usco	hit	croyance
vaetzi	kés	couteau
juuri	gyökér	racine
aamu	reggel	matin
tuohi	héj	écorce
owi	ajto	porte
paju	fűzfa	saule
walkaeus	virág	fleur
hiliaissus	szelidség	douceur
waras	orv	voleur
huix	haj	cheveu
vatze	has	ventre

Gyarmathi a comparé les Evangiles écrits en langue finnoise et magyare. Il lui a été impossible dans beaucoup de chapitres de trouver la moindre ressemblance de mots; et même, dans les quelques uns qu'il donne, il a omis à dessein un grand nombre de versets qui auraient nui à l'effet qu'il veut produire. Celui que je transcris, quoiqu'il ne contienne que neuf versets sur quarante-deux, est encore un des plus complets, car souvent Gyarmathi n'a osé citer qu'un seul verset par chapitre.

CHAPITRE X DE SAINT JEAN.

Finnois.	*Hongrois.*	
1.		
se on waras ja ryö-wäri.	A ki nem az ajton megyen bé az akolba; az van oroz, és gyilkos (1).	Celui qui n'entre pas par la porte dans la bergerie des brebis... est un voleur et un larron.

(1) Dans ces exemples, Gyarmathi a commis des erreurs volontaires. Au lieu de citer simplement le texte hongrois de l'Evangile, il l'a défiguré de manière à le rapprocher le plus possible du texte finnois. Comme le sens est toujours altéré, je relèverai chaque fois le changement. Ici, par exemple, *van oroz* n'a pas une tournure hongroise. Les Hongrois sous-entendent toujours le mot *van*, « est ». Gyarmathi l'a mis pour que le *v* de ce mot correspondît au *w* du finnois *waras*, « voleur ». Au lieu de *van oroz*, il y a dans le texte hongrois *lopő*.

Finnois.	*Hongrois.*	
3		
Ja lambat cuulevat ånen œnens.	És a' juhok halják az ő énekit (1).	... Et les brebis en- tendent sa voix.
11		
Mina olen se hywæ aimen.	Én vagyok a' hiv (2) pásztor.	Je suis le bon pas- teur.
Hywæ paimen an- la hengens lammasten edest.	A' hiv pásztor adja maga juhai-ért életét.	Le bon pasteur don- ne sa vie pour ses bre- bis.
14		
Minå olen se hywæ aimen, joka tunnen mani ja minu tutan	Én vagyok a' hiv pásztor, ki tudom (3) a' magaméit és engem	Je suis le bon pas- teur, et je connais mes brebis, et mes brebis

(1) *Énekit* veut dire « son chant ». Ce mot est mis à cause du finnois *œnens*, quoique les deux mots ne se ressemblent guère. Il y a dans le texte hongrois *szavát*, « sa voix ».

(2) *Hiv* veut dire « fidèle ». L'auteur l'a placé à cause du finnois *hywæ*. On lit dans le texte hongrois *jó*, « bon. » Dans aucune langue bon et fidèle ne sont synonymes.

(3) Le texte hongrois dit *esmérem*, « je connais ». *Tudom*, qui doit se rapprocher du finnois *tunnen*, veut dire « je sais ». — « Je sais mes brebis » n'a pas de sens en hongrois.

Finnois.	*Hongrois.*	
myős omildani.	is tudnak (1) a' magaméi.	me connaissent.
16		
Minulla on myős muitta lambaita jotka ei ole tästä lammas huonesta; ja he saawat cuulla minun äneni: ja pitä oleman yxi lammas huone, ja yxi paimen.	Nekem vannak más juhaim is kik nem valók ezen bárány honnyból (2) és azok fogják hallani az én énekemet (3), és kell lenni egy bárány honnynak (4) és egy pásztornak.	J'ai encore d'autres brebis qui ne sont pas de cette bergerie; elles écouteront ma voix, et il n'y aura qu'un troupeau et qu'un pasteur.
22		
Ja Jerusalemis oli kirkomessu, ja talwi oli.	És Jerusalembe vala templom szentelő innep, és tél vala.	Or on faisait à Jérusalem la fête de la dédicace, et c'était l'hiver.

(1) Il y a dans le texte hongrois *esmértetem,* « je suis connu ». *Tudnak* signifie « je suis su », et n'a pas de sens ici.

(2) *Honny* veut dire « patrie »; *honnyból,* « de la patrie. » Cette expression dans ce cas est absurde. On ne peut pas dire la patrie des brebis pour désigner le lieu où elles sont enfermées. Le texte hongrois dit *akolból,* « de la bergerie ».

(3) V. plus haut.

(4) V. plus haut.

Finnois.	*Hongrois.*	
31		
Nijn Judalaiset poi-t taas kiwiä håndå vittaexens.	Akkor a' 'Sidók ragadának megint kővet őtet kővezni.	Alors les Juifs prirent des pierres pour le lapider.
32		
Minå osotin teille ldaeni monda hywæ etæ.	Én mutattam nektek, ősömnek (1) minden (2) hiv (3) tetteit sok jo téteményeit.	J'ai fait devant vous plusieurs bonnes œuvres par la puissance de mon père...
41		
Ja monda tuli hånen jóns.	És minden tére (4) ő hozzaja.	Plusieurs vinrent l'y trouver.

Rappelons que c'est là peut-être le chapitre qui contient le plus de preuves de cette ressemblance

(1) *Ősömnek* veut dire « à mon ancêtre » (c'est une tournure hongroise, le datif au lieu du génitif). Il y a dans le texte hongrois *atyámnak* « à mon père ».

(2) *Minden* signifie « tous ». On lit dans le texte hongrois *sokan*, « beaucoup ». Dans aucune langue, ces deux mots ne sont synonymes.

(3) V. plus haut.

(4) *Minden tére hozzája* veut dire « tous revinrent ». Le texte hongrois dit *sokan mennek*, « beaucoup allèrent », ce qui est tout différent.

qu'on prétend établir entre les deux langues. Qu'eût pensé le lecteur de cette affinité dont on parle tant, si nous avions dit : Dans tout le chapitre XXV des actes des apôtres, qui contient vingt-sept versets, on n'a trouvé que la ligne suivante qui donnât des exemples de similitude,

Finnois.	*Hongrois.*	
Huomena saat sinå hånendå cuulla,	Hónap fogod te őtet hallani,	Demain tu l'entendras,

ou si nous avions copié l'un après l'autre tous les chapitres dont on n'a rien cité du tout parce qu'avec la meilleure volonté du monde (nous pouvons employer cette expression), il était impossible d'y trouver la moindre ressemblance de mots ?

Celui qui parla le premier des rapports du hongrois et du finnois fut un de ces Slaves de la Hongrie dont on a invoqué à tort l'opinion comme étant celle des Hongrois, Sajnovicz. Dans la joie de sa découverte il s'écria : *Demonstratio idioma Hungarorum et Lapponum idem esse*, et il écrivit une liste interminable de mots comparés. Schlœzer, on va le voir, prit plus froidement les choses, et trouva le *idem* beaucoup trop fort. Ce fut, je crois, Sajnovicz qui donna cette chanson esthonienne que les Hongrois devaient comprendre, et qui a toujours été pour eux fort inintelligible (1).

Finnois.

os mun tuttuni tullissi
nnen näh tyni näkyigsi!
illen sunta suika jaissin
lis sun sudon wenessä;
illen kättä käppä jaissin
ospa kärmä kämmen päässä!

Traduction hongroise.

O vajha kegyesem jőnne,
Vajha a' jól ismert megjelenne!
Miképp rőpűlne csókom ajka felé
'S ha bár róla farkasvér csőpőgne is;
Miképp szorítnám az ő kezét
Ha bár kigyó átfonná is!

Oh! si mon bien-aimé venait
Si le bien connu arrivait!
Comme mon baiser volerait vers sa lèvre,
Si même elle dégoûtait du sang du loup!
Comme je presserais sa main,
Si même un serpent l'entourait!

On se demande si c'est bien sérieusement qu'on a supposé de l'analogie entre le hongrois et le finnois, car il est impossible de trouver dans tous ces exemples quatre mots semblables. Quand on lit le

(1) Cette chanson a été reproduite en entier dans un article de M. André Horváth (*Tudományos Gyűjtemény*, 1828, 2e *Kötet.* — Collection scientifique de Pesth), dont la lecture m'a été fort utile. Il est intitulé : Les Hongrois ne sont pas Finnois, *A' Magyar nemzet nem Fenn.*

français, l'italien ou l'espagnol, on reconnaît à chaque ligne le latin. Le valaque même, qui de tous les idiomes latins s'éloigne le plus de la langue-mère, a conservé des rapports évidents. J'ouvre le bréviaire valaque, et j'en copie la première phrase comparée avec la phrase latine.

Pentru rugaciunile sântiloru	Propter rogationes sanctorum
Parintiloru nostri, Domne	Parentum nostrorum, Domine
Isuse Christose, Dumnedieulu	Jesu Christe, Domine Deus
Nostru, miluescene pre noi.	Noster, miserere nostrum.

Mais que dire de cette chanson esthonienne, et de ces évangiles, et de ces dictionnaires comparatifs?

Au reste, pour répondre aux écrivains qui admettent que les deux langues se composent des mêmes mots, on peut se borner à rappeler ce qu'a dit Schlœzer, lequel a attaché son nom à l'idée de l'origine finnoise. Dans ce cas son jugement n'est pas suspect. La liste des mots comparés de Sajnovicz, dit-il, ne donne pas plus de cent cinquante-quatre exemples, et si on retranche les dérivés, il n'en reste pas même la moitié. D'après Schlœzer luimême, il n'y a donc environ que soixante-dix exemples sur lesquels on puisse s'appuyer. Mais qu'y a-t-il de surprenant dans ce fait que les deux langues ont soixante-dix mots communs ? Il est certain que les Magyars ont été en contact avec les peuplades finnoises. N'est-il pas naturel que des peuples si différents, venus de si loin, apportant des idées si diverses, se soient pris mutuellement quelques mots ? Les Hongrois ont de même dans leur langue autant de mots allemands, plus encore ; quelques uns sont empruntés au latin, et même, en cherchant bien, on trouvera dans la langue hongroise soixante mots français, outre que nous avons en français une dizaine de mots hongrois (1). En conclurez-vous que les Magyars sont Allemands, Latins ou Français ?

Et d'ailleurs, peut-on nier qu'il existe entre toutes les langues une certaine fraternité, de même qu'il existe une fraternité de race entre tous les hommes ? De là vient qu'on a constaté entre le hongrois et le slave autant de rapports qu'entre le hongrois et le finnois.

La ressemblance d'une centaine de mots ne prouve pas l'affinité entre deux langues, et montre seulement que les nations qui s'en servent se sont

(1) « Heiduque, trabant, hussard, schako, kolback, dolman, soutache », sont des mots hongrois francisés.

pris mutuellement quelques expressions. Des peuples de même race doivent nécessairement avoir les mêmes racines, les mêmes mots primitifs. Ils doivent au moins donner les mêmes noms aux sentiments ordinaires à l'homme. Ces analogies, il est impossible de les montrer dans les langues hongroise et finnoise.

On objectera que les deux langues ont une même grammaire : voyons donc jusqu'à quel point cela est vrai.

Leem, Fielstrœm, Hœgstrœm, Ganander, Comenius, Fogel, Eccard, et beaucoup d'autres philologues, ont fait des conjectures sur la langue hongroise, mais ne la savaient pas. « Leurs inventions n'ont servi qu'à nous faire sourire », me disait un Hongrois; et, comme le remarque fort bien Sajnovicz, on ne peut absolument rien tirer de leurs observations. Heureusement le hongrois Gyarmathi a essayé de prouver cette affinité. Nous avons donc là quelque chose de sérieux à examiner.

L'ouvrage de Gyarmathi est très au dessous de son titre, qui est fort ambitieux. Il consiste en près de trois cents pages qui toutes contiennent des colonnes de mots comparés, dans le genre de ceux qu'on vient de lire. Çà et là sont quelques remarques fort courtes, placées en tête des chapitres et qui aboutissent à dire : Voici comment se forment dans les deux langues les terminaisons, ou bien : Voici comment se forment les comparatifs. Ces lignes sont suivies d'exemples qui montrent les comparatifs et les déclinaisons. De là vous passez aux colonnes d'adverbes, de prépositions, etc. Mais quant à la démonstration que ces langues sont grammaticalement semblables, vous la cherchez en vain, quoique le titre l'annonce hautement.

Quelques années avant, quand il n'était pas encore admis que les Hongrois se rattachaient à la race finnoise, Gyarmathi, qui connaissait parfaitement sa langue, avait publié un ouvrage dans lequel il en faisait ressortir les principaux caractères. Il n'avait alors aucun but : il n'écrivait pas systématiquement ; il cherchait seulement à montrer le génie de la langue hongroise, « qui, comme il le rappelait, a des qualités qui lui sont propres et ne peut être comparée qu'aux langues de l'Orient » (1).

(1) Gyarmathi, *Leçons raisonnées de langue hongroise.* Clausenbourg, 1794 (en hongrois).

« Le génie de la langue hongroise, sa construction na-

On doit regretter que le premier ouvrage de Gyarmathi ait été publié en hongrois et ne puisse pas être lu facilement, car il est une réfutation complète de celui qui l'a suivi. L'auteur lui-même compte si peu sur ce qu'il appelle sa démonstration grammaticale, que c'est surtout par le nombre de mots semblables qu'il compte frapper le lecteur, et il eût mieux fait d'intituler son livre Recueil de mots hongrois, finnois et lapons, suivis de quelques observations.

Gyarmathi compare d'abord l'alphabet russe et l'alphabet hongrois, parce que, dit-il, il a écrit les mots finnois et lapons d'après l'orthographe russe. Il eût mieux fait de les écrire d'après l'orthographe hongroise, car la comparaison entre

turelle, ses mots primitifs, consistant d'une seule syllabe, ses affixes, ses inflexions, tout enfin montre que c'est une langue orientale. On peut donc se la figurer, par rapport aux idiomes de l'Orient, comme un de ces petits-fils provenant d'un même aïeul, et dont les pères étaient frères. C'est ainsi que s'explique la ressemblance qu'on retrouve entre toutes les langues orientales. » Pápay, *Etude de la littérature hongroise*, 1694 (en hongrois).

les mots aurait été plus facile. Il eut dû à la place faire connaître l'alphabet finnois : on aurait vu de suite que les deux langues n'ont pas les mêmes sons. L'auteur évite encore de parler de l'ancienne écriture magyare, qu'il a donnée dans son premier ouvrage, et qui ne ressemble à aucune écriture connue.

Vient ensuite un chapitre sur les terminaisons. Il y a six pages de mots lapons et hongrois, qui n'ont pas du tout le même sens, mais qui, au dire de l'auteur, présentent des terminaisons semblables en *as*, *es*, *is*, *os*, etc. Ces pages sont précédées de quatorze lignes de texte dans lesquelles il prie le lecteur de remarquer les similitudes. On peut répondre que, si même les terminaisons se ressemblaient plus encore, il ne faudrait pas en tirer une conclusion, car des mots peuvent se terminer de la même manière dans deux langues sans que ces langues soient sœurs. Ce qui le prouve, c'est qu'entre la colonne laponne et la colonne hongroise se trouve une colonne de mots latins, qui donnent le sens des mots cités, et que parmi ces mots latins il y en a qui sont terminés en *es*, d'autres en *is*, lesquels font au pluriel *es*, c'est-à-dire qui sont absolument terminés comme les mots lapons. Cependant on n'a jamais dit qu'il y eût de l'affinité entre le latin et le finnois. Exemples :

Lapon.	*Hongrois.*
teiwes, *res*	tetves, *pediculosus*
nelos, *hæbes*	nyeles, *manubriatus*
zjengalwuådt, *profunditas*	tsinálat, *structura*
idedis, *matutinus*	idős, *vetustus*

Nous irions plus loin que Gyarmathi : nous pourrions trouver un grand nombre de mots hongrois et français qui n'ont pas non plus la même signification, mais qui se prononcent semblablement.

só	*qui signifie* sel	*se prononce comme* chaud
fót	pièce	faute
bőr	peau	beurre
bor	vin	bord
kő	pierre	queue
mű	art	mue
szó	mot	sceau
ár	prix	art
szer	ordre	serre
orr	nez	or
sár	boue	char
ser	bierre	chair
liszt	farine	liste

por	poussière	port
bő	large	bœufs
szűk	étroit	suc
láng	flamme	langue

Cette remarque est donc sans valeur, et il n'y a là aucune règle grammaticale à tirer.

Nous arrivons aux déclinaisons. Ici Gyarmathi remarque que le hongrois et le lapon n'ont qu'un seul genre : c'est une similitude. Mais il faut se rappeler que les langues finnoises sont asiatiques et possèdent quelques uns des caractères des langues orientales. Il n'y a pas de genre en hongrois : il n'y en a pas non plus en turc.

De ce qu'il n'y a pas de genre il résulte que les adjectifs sont invariables. C'est ce qui a lieu en lapon et en turc, aussi bien qu'en hongrois.

L'auteur met en regard des exemples de déclinaisons hongroises, finnoises et laponnes.

	Lapon.		*Hongrois.*	
N.	kabmak	soulier	makk	gland de chêne
G.	kabmak en		makk é	
D.	kabmak i		makk nak	
A.	kabmak eb		makk ot	
V.	kabmak		makk	
A.	kabmak est		makk ostól	

	Finnois.		*Hongrois.*	
N.	cala	poisson	hal	poisson
G.	cala n		hal é	
D.	cala lle		hal nak	
A.	cala a		hal at	
V.	cala		hal	
A.	cala sta		hal astól	

Je relis le plus consciencieusement du monde ces exemples, et il m'est impossible d'en tirer une autre conclusion que celle-ci : le génitif finnois fait *an*, et le génitif hongrois *é*; le datif finnois fait *le*, et le datif hongrois *nak*; l'accusatif finnois est déterminé par un *a*, et l'accusatif hongrois par un *t*. Je demande s'il y a là la moindre similitude. Il est vrai que l'ablatif finnois *calasta* se rapproche du hongrois *halastól*; mais nous ferons observer que les Hongrois n'ont pas d'ablatif : ils rendent ce cas au moyen de plusieurs postpositions dont le choix est déterminé par les circonstances, suivant, par exemple, qu'il y a mouvement ou non (1). L'auteur a

(1) *Város* veut dire « ville ». Ce cas ablatif « de la ville » pourra être rendu de différentes manières : *a' városba*, *a' városban*, *a' városból*, *a' várostól*, *a' városhoz*, etc.

choisi celle qui se rapproche le plus de la terminaison finnoise; mais malheureusement pour lui *halastól* ne veut pas dire « du poisson » comme l'ablatif finnois, ce mot signifie « avec le poisson ». Il eût dû mettre *haltól*. Là encore nous constatons une erreur volontaire.

Les exemples de Gyarmathi sont suivis de quelques remarques fort insignifiantes et qui peuvent s'appliquer à toutes les langues. Ainsi il dit que les Lapons et les Hongrois se servent volontiers de répétitions. Exemples :

Lapon.	*Hongrois.*	
ekkest pekkai	diribrol darabra	*de frusto in frustum*
pest japai	esztendőről esztendőre	*de anno in annum*

Mais comment l'auteur ne voit-il pas que cette observation n'a pas de sens, puisqu'il traduit ses exemples en latin au moyen de répétitions semblables?

Nous passons aux comparatifs. Quatre lignes de texte pour faire observer qu'ils se forment de même dans les deux langues, et une page d'exemples.

Lapon.	*Hongrois.*	
lickogas	boldog	*felix*
lickogasab	boldogabb	*felicior*
lickuogasamus	leg boldogabb	*felicissimus*

nioska	nedves	*humidus*
nioskab	nedvesebb	*humidior*
nioskamus	leg nedvesebb	*humidissimus*

Voici une seconde similitude. Dans les deux langues les comparatifs prennent pour terminaison le *b* que nous avons déjà signalé à l'accusatif des mots lapons. Mais remarquez que le superlatif est tout différent, et que non seulement il est différent, mais qu'il prend en lapon une terminaison latine. Et cependant, encore une fois, personne ne fait dériver le latin du finnois, ou réciproquement.

On s'attend à une longue discussion grammaticale sur les adjectifs, qui sont très remarquables en hongrois. En effet, de tout accusatif d'un nom les Hongrois peuvent faire un adjectif en changeant le *t* en *s*. Ex. : *ház*, « maison, accusatif *házat*; adjectif *házas*, « qui a une maison ». De cet adjectif ils peuvent faire un adverbe, *házason*, « en homme qui a une maison, en homme marié ». De cet adverbe ils peuvent faire un verbe, *házasodni*, « se marier ». Gyarmathi devrait remarquer ces particularités, qui font du hongrois une langue tout à fait originale, et les montrer dans la langue finnoise : c'est ainsi qu'il prouverait l'affinité; mais cela lui est impossible.

Sans dire un seul mot des adjectifs hongrois et finnois, qu'il eût dû de bonne foi examiner, il passe aux noms de nombre. Là encore quatre lignes de texte pour dire que ces noms se ressemblent, et deux pages d'exemples. Après les exemples de mots semblables qui ont été déjà transcrits, je ne me crois plus forcé d'en citer un seul. Il faut seulement avertir ceux qui consulteraient l'ouvrage de Gyarmathi qu'il a commis, là comme partout, ce que j'ai appelé innocemment des « erreurs volontaires ». Pour avoir des ressemblances, il invente des noms de nombre qui n'existent pas en hongrois. Ainsi, au lieu de compter comme les Hongrois : « vingt-deux, vingt-trois etc. », il fait dire : « deux dix un, deux dix deux, etc. ». Cela peut être conforme aux règles finnoises, mais les Hongrois n'ont jamais compté de cette façon. Ces erreurs volontaires nuisent beaucoup à l'auteur, d'abord parce qu'il n'y aurait pas recours s'il plaidait une bonne cause, puis parce qu'on est autorisé à croire qu'il en commet également quand il cite les exemples finnois et lapons.

Viennent ensuite les pronoms possessifs. Ici Gyarmathi signale une autre similitude. En lapon et en hongrois, il n'y a pas proprement de pronoms. On exprime le possessif au moyen de lettres placées à la fin du mot. Le *m*, par exemple, exprimera le possessif de la première personne.

Lapon.	*Hongrois.*	
suarbmam	ujjam	mon doigt

Ajoutons seulement, ce que ne dit pas Gyarmathi, que ce caractère se retrouve dans beaucoup de langues asiatiques : il se retrouve en turc de même qu'en hongrois.

Turc	*Hongrois.*	
ana	anya	mère
anám	anyám	ma mère

Nous arrivons aux verbes, aux postpositions, aux adverbes. Ici l'embarras de l'auteur redouble. En effet, c'est surtout par la formation des adverbes, l'emploi des postpositions, et les mille transformations des verbes, que le hongrois a un caractère particulier. Gyarmathi, dans son premier ouvrage, démontre, en s'appuyant sur l'autorité des philologues versés dans les langues orientales, que le hongrois, sous ce rapport, se rapproche encore plus de ces langues.

En hongrois les prépositions, comme les pronoms possessifs ; se mettent, de même qu'en turc, à la fin du substantif.

Turc.	*Hongrois.*	
anadán	anyától	de la mère

De telle façon qu'un nom, ainsi que le remarquait autrefois Gyarmathi, peut subir deux cent quarante-quatre variations. En lapon les postpositions ne se joignent qu'au pronom : elles restent séparées du substantif, lequel ne peut prendre les nombreuses formes des substantifs hongrois et turcs. C'est encore là une des originalités de la langue hongroise. En voici un exemple que me fournit le premier livre de Gyarmathi. Cette phrase : « prenez de ce qui est à vos seigneurs », se traduit en hongrois par deux mots : *vegyetek uraitokéból*. Voici l'explication du dernier : *úr* veut dire « seigneur » ; *urak*, « les seigneurs » ; *uratok*, « votre seigneur » ; *uraitok*, « vos seigneurs ; *é* indique le possessif et *ból* signifie « de ». Les langues finnoises présentent-elles cette concision ?

Les verbes peuvent se transformer, en hongrois, au point d'exprimer les changements ou tournures que nous rendons dans nos langues par plusieurs mots. Ex. : *látok*, « je vois » ; *látlak*, « je te vois » ;

láthatok, « je puis voir » ; *láthatlak*, « je puis te voir » ; *láttatok*, « je fais voir » ; *láttathatok*, « je puis faire voir » ; *látdogaltathatok*, « je puis souvent faire voir ».

Certes, voilà des particularités bien remarquables dans une langue. Je les indique à peine ; mais Gyarmathi ne manque pas de les relever, de les énumérer toutes dans son premier ouvrage. Il va sans dire qu'il les passe entièrement sous silence dans son second. Au lieu de ses observations, qui s'appliquent au turc aussi bien qu'au hongrois, il aurait dû faire ressortir dans les langues finnoise et magyare les mêmes caractères, qui font que ces deux langues, semblables entre elles, diffèrent parfaitement des autres. Mais, nous l'avons dit, cela était impossible.

Nous avons parcouru l'ouvrage de Gyarmathi. Après les verbes et les pages d'exemples, viennent, sous le nom de syntaxe, quinze observations qui ne peuvent nullement satisfaire le lecteur, car la syntaxe hongroise est d'une étonnante originalité et repousse toute comparaison ; puis soixante pages de mots qui passent pour semblables. A la suite de ces mots Gyarmathi a placé quelques remarques sur les langues finnoises qui lui furent inspirées par de nouvelles lectures, après qu'il eut fini son livre. Il refait le travail que nous avons analysé, mais en comparant cette fois le hongrois et l'esthonien. Pour ce qui regarde cette seconde partie, nous ne croyons pas devoir faire autre chose que de rappeler ce qui a été dit plus haut. Pour démontrer grammaticalement que deux langues sont sœurs, il faut faire voir dans ces deux langues non pas quelques similitudes et quelques terminaisons semblables plus ou moins défigurées, mais les mêmes racines, les mêmes caractères, les mêmes originalités, le même génie.

Nous nous bornons là. Mais, après avoir montré que les preuves de Gyarmathi sont nulles, nous pourrions signaler les mille différences qui séparent les deux langues et qui empêchent qu'elles ne puissent être sérieusement confondues.

Peut-être me suis-je trop étendu sur le livre de Gyarmathi ; mais deux raisons me forçaient à entrer dans quelques détails. L'auteur, sachant parfaitement le hongrois, a écrit sous l'inspiration et avec le secours de philologues qui pouvaient lui donner sur les langues finnoises des renseignements précieux, et il était à même de prouver l'affinité des deux langues, si elle eût pu être prouvée. En outre les écrivains allemands s'appuient sur cette affinité beaucoup plus que sur les preuves historiques : il fallait en conséquence s'y attacher davantage.

Une des choses les plus curieuses qui se puissent lire dans les longues et nombreuses dissertations qui ont été écrites sur l'origine des Hongrois, c'est la manière dont Sajnovicz démontre que les noms de nombre dans les deux langues sont semblables. « *Ixi*, dit-il, veut dire en finnois « un ». N'est-ce » pas là le mot hongrois *egy*? Il suffit de mettre l'*e* » à la place de l'*i*, le *g* à la place de l'*x*, et voilà le » mot » ! Sajnovicz n'a pas encore le mot, et il le sait bien. Il faut de plus qu'il change l'*i* en *y*. En effet l'*y* et l'*i*, en hongrois, ne sont pas une même lettre. Le mot *egi*, que Sajnovicz obtiendrait d'après son procédé, se prononcerait *aigui*, tandis que le mot hongrois *egy*, « un », se prononce comme le mot français *aide*, auquel on ajouterait un *i* entre le *d* et l'*e*, *aidie*. Sajnovicz devrait donc, pour avoir son mot, changer toutes les lettres. A coup sûr, si l'affinité n'a pu être prouvée par des écrivains aussi déterminés, on peut prédire qu'elle ne le sera jamais.

Il était écrit que ceux-là même qui voulaient établir l'analogie des deux langues fourniraient à leurs adversaires les meilleures armes pour les combattre. Gyarmathi, par son impuissance à démontrer la ressemblance grammaticale, a prouvé jusqu'à l'évidence qu'elle n'existe pas, et une expérience faite par Sajnovicz prouve encore qu'il est impossible d'admettre une ressemblance quelconque. Sajnovicz a parcouru les pays habités par des hommes de race finnoise. Il leur a parlé hongrois, et ils ne l'ont pas compris. Ils lui ont parlé leur langue, et il ne les a pas compris. D'abord Sajnovicz ne se découragea pas. Il pensa que, les premières différences reconnues, il lui serait facile de retrouver le hongrois. Il resta donc près d'un an dans ces pays. De retour en Hongrie, il avoua avec bonne foi que, malgré son hongrois et son séjour, il n'était jamais parvenu à entendre le lapon, c'est-à-dire le dialecte finnois qui se rapproche le plus de la langue magyare, suivant les écrivains allemands (1).

Après un fait aussi décisif, d'autres eussent été convaincus que la ressemblance était imaginaire; mais cette expérience désespérante ne découragea personne. On croira que Sajnovicz du moins, qui

(1) *Ingenue profiteor me Lappones Finnmarchiæ non intellexisse...*

l'avait faite, abandonna son idée favorite : erreur. Sajnovicz fut encore persuadé que les deux langues avaient une affinité évidente. Il expliqua ce qui lui était arrivé en disant que les langues s'altèrent avec le temps.

A cela on peut répondre victorieusement : Ou ce sont les Magyars qui ont conservé la vraie langue finnoise, que les Finnois ont perdue ; ou ce sont au contraire les Magyars qui l'ont transformée. L'une ou l'autre de ces hypothèses est nécessaire, car tous les dialectes finnois ont de l'analogie ; or toutes deux sont absurdes. En effet, comment supposer, dans le premier cas, que les Hongrois, qui ont traversé tant de pays et ont été en contact avec tant de peuples, aient gardé la pure langue finnoise, que cette immense nation qui occupe, selon Sajnovicz, tout le nord de l'Europe jusqu'à l'Asie, n'aurait pu conserver dans sa propre patrie ? Et, dans le second cas, comment supposer que les Hongrois, qui ont occupé à différentes époques diverses contrées où ils sont encore, la Moldavie, la Transylvanie, la Hongrie, qui ont habité entre tant de nations, aient partout changé la langue finnoise au point d'en faire une nouvelle langue qui présente les mêmes caractères dans tous ces pays, et qui est devenue inintelligible pour les Finnois ? Cette transformation aurait dû s'opérer en cinquante-six ans, puisque, d'une part, les Hongrois se séparèrent, dit-on, des Finnois en 625, et que, de l'autre, les moines de 1240 comprenaient parfaitement les Magyars de la Grande-Hongrie, lesquels avaient quitté leurs frères quand ceux-ci se rendirent maîtres de la Lébédie (en 681, d'après Engel).

Notez bien en outre 1° que, dès le cinquième siècle, les Sicules de la Transylvanie parlaient hongrois ; 2° que la langue hongroise s'est si peu altérée, grâce à ce fait que la nation ne s'est mêlée à aucun autre peuple, qu'aujourd'hui encore les érudits hongrois lisent sans trop d'effort le biographe de sainte Marguerite (1).

En résumé donc, les écrivains qui admettent entre les deux langues une affinité quelconque, soit en s'appuyant sur une prétendue ressemblance de mots, dont Schlœzer lui-même a fait justice, soit en supposant certains caractères, certaines analogies, qu'il a été impossible à Gyarmathi de montrer,

(1) Ce livre date du siècle même du moine Julian, c'est-à-dire qu'en définitive il est écrit en hongrois du septième siècle.

avancent un fait qui a été démenti de la manière la plus formelle par l'expérience de Sajnovicz.

Rappelons, avant de passer outre, que certains philologues ont comparé la langue magyare et la langue turque, et se sont précisément appuyés sur l'analogie de ces idiomes pour dire que les Hongrois sont Turcs d'origine. Il est fort remarquable que les savants se soient contredits de la sorte. De l'avis même des Magyars, c'est encore avec le turc que la langue hongroise a le plus de rapports. Cette opinion a été depuis long-temps exprimée en Hongrie, à l'époque où les Hongrois et les Transylvains étaient tributaires de la Porte et parlaient le turc. Leur avis doit avoir d'autant plus de valeur que parmi les écrivains qui ont voulu prouver l'affinité du hongrois et du finnois il ne s'en trouvait pas un qui connût les deux langues.

Quoique cette discussion soit déjà fort longue et ait dépassé les limites que je m'étais proposées, je ne puis m'empêcher de la terminer par quelques remarques qui ont échappé aux écrivains allemands, mais qui viendront à l'esprit de quiconque aura habité la Hongrie et connaîtra quelque peu les Hongrois.

Chaque race a son génie, son caractère, sa physionomie, c'est-à-dire sa langue, son histoire, son type. Tous les peuples d'une même race ont certaines analogies frappantes, lors même qu'ils se sont séparés de bonne heure les uns des autres, et se sont mélangés avec des peuples de race différente. C'est pourquoi notre Bretagne, province française, produit des hommes qui ne ressemblent pas plus aux hommes de la Lorraine, autre province française, que les habitants du Béarn ne rappellent ceux de la Provence : là, les races sont diverses. La France domine partout, et il existe un peuple français qui a absorbé toutes les races, pourtant les caractères et les physionomies ont conservé leur force et leur originalité.

Examinons donc si, en comparant les hommes de race finnoise avec les Magyars, on peut trouver ces analogies que je signale, et si cette comparaison donne de la force à l'opinion des écrivains allemands, ou lui fait perdre encore plus de terrain.

Ouvrons d'abord l'histoire. Que disent les historiens des Finnois et des Magyars au moment où ces derniers paraissent sur la scène?

Les Magyars se montrent comme vainqueurs des Bulgares, des Bisséniens, des Russes, et conquérants de la Pannonie. Ils sont dans une période ascendante. Ils diffèrent tellement des peuples qui les entourent, qu'au lieu de s'unir à eux, ils conservent leur nationalité, qu'ils ont précieusement gardée jusqu'à ce jour. Ils marchent sous la conduite de leurs *vezérs* (1), de leurs chefs; ils ont parmi eux des hommes chargés de la police du camp qui terminent les différends et punissent les voleurs (2). Les historiens modernes ont cherché les traces des invasions hongroises dans les monuments des nations attaquées : rien de mieux. Mais ils ont eu le tort de dépeindre les Magyars d'après le portrait exagéré par la peur que ces nations nous ont laissé. Si on veut les voir fidèlement décrits, il faut lire ce que disent d'eux les auteurs grecs et arabes qui les ont mieux connus. Ces historiens signalent « la probité des Magyars et la pureté de leurs mœurs » ;

(1) En persan et en turc *vizir*.

(2) Verbőczi, *Decretum tripartitum*, p. 1, tit. 3, § 2.

ils nous les montrent « habitant des villes sous l'autorité d'un chef, se servant de vaisselle d'or artistement travaillée, et pratiquant la justice aussi sévèrement que les Romains ». Ils parlent encore de la finesse de leur goût, de l'éclat de leurs costumes, et de leur penchant pour tout ce qui est magnifique. Evidemment ce peuple là ne venait pas du nord.

L'empereur Léon appelle les Magyars « un peuple libre, noble, qui tâche de surpasser ses ennemis en bravoure, dur au travail et aux fatigues, et qui supporte gaîment la privation des choses les plus nécessaires. » Le *Derbend-Naméh*, histoire de Derbend, écrite par Mahommed-Aiwabi-Achtachi, « parle clairement des Magyars qui avaient bâti la ville de Kizylar, aujourd'hui nommée par les Russes Kizlar, dont les édifices, dit l'historien arabe, paraissent de loin comme des monceaux de neige à cause de leur blancheur éblouissante (1). Il ajoute que parmi tous les peuples du Caucase les Magyars s'étaient distingués par leur caractère paisi-

(1) Les paysans hongrois, aujourd'hui encore, ont coutume de blanchir leurs maisons à certaines époques solennelles de l'année.

ble, leur habileté dans l'exercice des métiers nécessaires à la communauté, leur belle taille, leur courage » (1)... « En un mot, l'historien arabe les place au dessus de tous les autres peuples leurs voisins (2). » Regino lui-même, quoique allemand, écrit, dans le portrait peu flatté qu'il trace des Hongrois : « Il n'y a pas de crime plus grave à leurs yeux que le vol. Ils méprisent l'argent. Jamais ils ne connurent le joug étranger. Le courage de leurs femmes les a rendus aussi célèbres que celui des guerriers. » Pray montre que les Hongrois avaient déjà des hommes lettrés en Asie (3). Quand ils étaient encore nomades, on voyait parmi eux des poëtes qui pendant les fêtes chantaient les exploits des *vezérs*. Les députés de Dsabul portèrent à Constantinople, de la part des Hongrois, des présents dignes d'un empereur et une lettre écrite en langue scythe. Evidemment encore, les Magyars n'étaient pas un peuple sans culture.

(1) Besse, *Voyage au Caucase*, etc., p. 344.

(2) *Ibid.*, p. 150.

(3) *Literas etiam didicere, quarum deinceps usum ad Mogolos itidem propagarunt, quos hodie etiam vetustis Iugurorum characteribus uti compertum est.* (Pray, p. 32.)

Les Finnois, à la même époque, sont vaincus et domptés par les nations étrangères, et, sans jamais recouvrer leur indépendance, ils n'ont fait que changer de maîtres jusqu'à ce jour. Et dans quel état se trouvent-ils après que les écrivains bysantins et arabes ont fait des Magyars la description qu'on vient de lire? « Lorsque les Suédois ont subjugué les Finnois et les ont faits chrétiens, ceux-ci étaient rudes et sauvages, vivant sans chefs, traitant tyranniquement leurs femmes (1) »..... A coup sûr, dès cette époque, les Magyars et les Finnois se ressemblent trop peu pour qu'on puisse les confondre. Les écrivains allemands n'ont pas tenu compte de ces différences, ou en ont parlé avec une légèreté inconcevable. Gebhardi, par exemple, prétend que les Hongrois et les Finnois avaient les mêmes idoles; et Cornides a prouvé (2) que les Hongrois n'avaient ni idoles ni dieux particuliers, mais adoraient un être suprême. Le manuscrit du Vatican nous les montre encore ainsi au treizième siècle: *Pagani sunt..., sed nec idola venerantur.*

(1) *Lænder und Vælker-Kunde*, 4e vol., p. 419.

(2) *De religione veterum Hungarorum*. Viennæ, 1791.

Dès l'origine, il n'y a donc aucune ressemblance à constater entre les Magyars et les Finnois. Et quelle analogie découvrirez-vous aujourd'hui? Il est évident que ceux qui font venir les Hongrois, par les sources du Volga, du nord de l'Europe ou du nord-ouest de l'Asie, n'ont pas songé à la physionomie des Magyars ni à leur caractère. Il faut parcourir la Hongrie, non pas en aveugle, en nommant Hongrois tous les hommes qu'on rencontre sur sa route, mais en s'arrêtant dans la contrée où se sont fixés les Magyars, notamment dans ce qu'on appelle les Villes Haidonicales et la Cumanie. Il est impossible de ne pas être frappé de la beauté de cette race. Les Magyars sont grands, élancés, musculeux : leurs yeux et leurs moustaches sont noirs; ils ont le nez aquilin, les traits réguliers, et cet air de dignité qui est l'apanage des Orientaux. Au reste les écrivains allemands n'avaient qu'à lire ce que disent les chroniqueurs des chefs magyars. Le Notaire Anonyme dépeint ainsi Almos : *Erat enim ipse Almus facie decorus, sed niger, et nigros habebat oculos, sed magnos, statura longus et gracilis...*

Nous pourrions conduire le lecteur en Laponie, d'où beaucoup d'écrivains font partir les Hongrois, et lui rappeler les descriptions que donnent les voyageurs des habitants de ce pays glacé. « Nous les considérions, dit Regnard, depuis la tête jusqu'aux pieds : ces hommes sont faits tout autrement que les autres ; la hauteur des plus grands n'excède pas trois coudées, et je ne vois pas de figure plus propre à faire rire. » Mais, sans aller si loin, peut-on établir le moindre parallèle entre les Magyars, tels que je viens de les représenter, et les Esthoniens, aux cheveux blonds, aux yeux bleus, à l'allure calme, au corps grêle et au vêtement grossier? Peut-on comparer les hameaux esthoniens, formés de quelques maisons groupées au hasard, avec les villages hongrois (et ceci est bien remarquable), qui s'étendent sur une seule ligne comme un camp? Vous ne trouverez dans aucun pays de l'Europe un peuple qui ait conservé ce caractère belliqueux, qui du premier au dernier homme soit éminemment cavalier comme *A' vitéz magyar nemzet*, « la vaillante nation magyare », ainsi qu'on dit toujours. Il n'en est pas qui ait acquis une telle réputation de loyauté, d'héroïsme et de bravoure chevaleresque.

Et ce superbe costume hongrois, le plus magnifique peut-être que les hommes aient jamais trouvé, ce costume d'une splendeur asiatique, qui a tout l'éclat de celui des Turcs sans en avoir la mollesse, les Magyars l'ont-ils apporté du Nord? Savez-vous quelles sont les épithètes qui, dans les glorieuses chroniques, comme dans les poésies nationales, comme dans la bouche de tous, accompagnent nécessairement le nom de Hongrois? Les voici : *A' párduczos vitéz Magyar,* « le vaillant Magyar couvert de peaux de panthère »; *a' kaczagányos vitéz Magyar,* « le vaillant Magyar couvert de peaux de tigre ». Est-ce là la parure des hommes du nord? Certes, nous voilà loin des loups de la chanson esthonienne! Et puisque nous parlons encore de cette chanson, disons qu'elle n'est pas du tout dans le goût des chansons hongroises, qui rappellent beaucoup celles des Persans et des Arabes. La langue hongroise est colorée, pleine d'images et de métaphores. Le paysan appelle sa femme *csillagom,* « mon étoile »; *gyöngyöm,* « ma perle ». Quand il vient demander la protection de son seigneur, il lui dit : Je me place sous vos deux ailes étendues, etc., etc. Ces expressions, que l'on citerait par milliers, sont caractéristiques dans la bouche du cavalier magyar, qui porte sur sa physionomie les signes certains de son origine orientale.

Ajoutons que ni dans les contes ou souvenirs populaires, ni dans les chants nationaux, il n'est fait mention d'un pays semblable à celui que les écrivains allemands donnent pour berceau aux Hongrois; tandis qu'une foule de proverbes et de comparaisons habituelles indiquent que la langue hongroise a dû se former dans un tout autre climat (1). Les Finnois n'ont pas de mots pour certains objets qu'ils n'ont jamais vus, et que les Hongrois désignent par un nom tout particulier, parce qu'ils les ont connus dans leur patrie première. Ex. : *oroszlány*, « lion »; *öszvér*, « mulet »; *teve*, « chameau »; *sárkány*, « dragon »; *bibor*, « pourpre »; *bársony*, « velours »; *poroszka*, « dromadaire » (2).

Disons enfin que dans les vers affectionnés et répétés par le peuple, en Hongrie, il est souvent par-

(1) Un seul exemple. Quand les Hongrois veulent marquer la beauté d'un objet, ils le comparent à une perle : *gyöngy-ország*, « un beau pays », mot à mot un « pays-perle »; *gyöngy-élet*, « unevie-perle, une belle vie ». (V. la note plus loin.) Cette expression est littéralement populaire. Elle paraîtrait naïve dans la langue des salons, qui doit se ressentir du contact des idiomes étrangers. L'adjectif *gyönyörü* signifie « magnifique ».

(2) Les Hongrois appellent *poroszka-ló* le cheval qui va à l'amble, parce que l'amble est l'allure du dromadaire.

lé de la beauté physique. Ce n'est pas autre chose que cette adoration de la forme commune à tous les Orientaux. Seulement ici elle est épurée par des sentiments plus élevés, inspirés par une civilisation meilleure. Il est certain que cette peinture et cette admiration de la beauté ne se retrouveront ni chez les Lapons, ni chez les Ostiacks, ni chez les Samoyèdes, et cela pour des motifs que chacun saura deviner.

Peut-être faut-il tenir compte de ces remarques et de celles qu'un observateur plus attentif ferait encore, tout autant que des preuves tirées des livres. Si même les historiens et les philologues démontraient dans leurs ouvrages que les Magyars sont des Finnois, malgré les protestations d'une nation entière qui, pour dire la vérité, sait mieux que tous les écrivains du monde ce qu'elle est et d'où elle vient; si, dis-je, ils le démontraient, et ils ne le démontrent pas, la question ne serait pas encore décidée. Les hommes d'étude auraient pour adversaires, et pour adversaires opiniâtres, les voyageurs, ceux qui ont lu, et qui de plus ont vu. Or les voyageurs ne manquent pas; il en est beaucoup qui prennent la peine de parcourir les pays habités par des hommes que l'on appelle frères et d'aller achever leurs idées dans la chaumière du paysan. Ceux-là ne peuvent croire que les Magyars soient de race finnoise, quand ils observent ces hommes venus du Nord, leur physionomie, leur allure, leurs costumes, leurs villages, leurs goûts, leurs mœurs, et qu'ils entendent leur langue.

Quoi! on retrouve au cœur de la France, on reconnaît encore à leur physionomie et à leur langue les fils des Celtes et ceux des Romains, malgré mille invasions, mille mélanges, et vous admettez que le peuple magyar, qui s'est toujours conservé pur de toute fusion avec les autres peuples, qui habite depuis dix siècles dans ce capharnaüm des nations qu'on appelle la Hongrie, sans être jamais uni à aucune d'elles, qui dans plusieurs pays parle la même langue et montre le même type, vous admettez que ce peuple se soit partout changé au point d'être précisément l'opposé de ce qu'il était auparavant? Mais cela est impossible.

Si vous ne l'admettez pas, vous devez supposer une autre chose impossible : c'est que ce costume éclatant des Hongrois, cette langue pleine d'images et de métaphores, ces figures orientales, ce caractère ardent, cette bouillante valeur, soient venus de la Laponie, de la Finlande ou de la Sibérie!

Un Hongrois à ce sujet retournait les vers d'Horace

> ... *Neque imbellem feroces*
> *Progenerant aquilæ columbam,*

et s'écriait que l'aigle n'est pas couvé par la colombe.

Nous le dirons donc avec assurance, les Magyars ne sont pas Finnois.

Mais à quelle race appartiennent-ils ?

§ 2.

TRADITIONS HONGROISES.

A quelle race appartiennent les Magyars?

Il m'arriva un jour de soulever cette question devant un Hongrois et un Allemand que je savais être d'avis opposé. J'avais dit à peine quelques mots que la discussion commença entre eux : c'était précisément ce que je voulais ; de ce choc d'idées j'espérais tirer quelques lumières. A la fin l'Allemand, poussé à bout, s'écria : « Mais, si vous n'êtes pas Finnois, qu'êtes-vous donc? » — « Nous sommes, repartit son adversaire, ce que nous avons toujours été, et ce que nous serions encore à vos yeux, si vos savants s'en rapportaient à nous, des Huns.

Répétons avec tous les historiens nationaux, et avec les traditions que les deux cent mille Sicules de Transylvanie conservent depuis treize siècles dans leurs montagnes, que les Hongrois sont des Huns (1).

La tradition qu'ils étaient frères des Huns s'est conservée chez les Magyars de la Hongrie jusque après le moyen âge, jusqu'au moment où la monarchie hongroise tomba à Mohács et que les glorieux souvenirs s'effacèrent. Il n'est pas un écrivain hongrois avant cette époque, où il était encore possible de consulter les documents originaux et de recueillir les traditions, il n'est pas un écrivain qui, en parlant de l'histoire de son pays, ne confonde toujours à dessein les Huns et les Hongrois. Le Notaire Anonyme et Kéza, qui vivaient au treizième siècle, ne

(1) Il était généralement reconnu que les Hongrois étaient frères des Huns, quand parurent les ouvrages de Fischer et de Beyer. Leurs idées furent combattues; et, l'élan étant donné aux esprits, on vit se former une foule de systèmes, dont j'ai indiqué en commençant les plus raisonnables. Les premiers écrivains avancèrent que les Hongrois étaient étrangers aux Huns, et se rattachaient à la race finnoise. Depuis, quelques auteurs ont admis que les Huns appartenaient également à cette race : cependant leur opinion était démentie à l'avance par l'ouvrage de Deguignes.

laissent pas de doute à cet égard. Thuróczi et Bonfinio, qui écrivirent sous Mathias Corvin, commencent l'histoire des Hongrois à Attila. Le Cujas de la Hongrie, Verbőczi (1), va chercher le germe des institutions hongroises jusque sous les tentes des Hongrois et des Huns : *Hungari sive Hunni*, dit-il.

Les écrivains postérieurs à cette époque n'avaient pas les ressources de leurs prédécesseurs : ils ont répété ce qu'avaient dit leurs devanciers, ou se sont attachés à raconter les faits présents qui avaient un intérêt immense. Car depuis le commencement de la domination autrichienne jusqu'à Joseph II, la Hongrie a été le continuel champ de bataille où les empereurs et les sultans mesurèrent leur ambition et leur force, pour le malheur des Hongrois, sur lesquels pesaient toutes les victoires. A la fin du siècle dernier, des écrivains distingués par leur science ont donné pour la première fois quelques histoires critiques de la Hongrie, à l'aide des vieilles chroniques et des mémoires écrits dans les temps modernes par des hommes qui avaient pris part aux événements. Il faut tenir compte sans doute de leurs

(1) Mort en 1542.

travaux ; mais par cela même que ces histoires sont critiques, raisonnées, elles sont faites sous l'influence de certaines idées. Pray lui-même a été souvent induit en erreur par les écrivains allemands. Ce n'est donc pas dans les historiens modernes que nous chercherons les traditions hongroises, car ils ont souvent puisé à des sources étrangères, et d'ailleurs ils ne pouvaient rien ajouter aux données des premiers chroniqueurs.

En même temps que ceux qui écrivaient l'histoire, préoccupés des événements qui s'accomplissaient sous leurs yeux, laissaient de côté les origines des Hongrois, les vieilles traditions, les vieux souvenirs s'effaçaient dans le peuple, en présence des calamités terribles qui l'accablaient et qui frappaient les esprits bien autrement que les récits des temps passés. On m'a assuré, en Transylvanie, que les Magyars de la Hongrie (j'entends ici les paysans) répètent le nom d'Attila comme celui d'un ancien *vezér*. Je n'ai pu vérifier ce fait, ayant non pas habité mais seulement traversé la contrée qu'ils habitent. Cependant je suis porté à croire que les souvenirs sont un peu affaiblis dans la Hongrie même, car parmi les ouvrages qui ont paru à Pesth et à Presbourg en réponse à ceux des écrivains allemands, il y en a plusieurs qui contiennent sur l'origine des Hongrois des idées contraires aux vieilles traditions comme aux récits des historiens. Il est très concevable, en effet, que les accusations dont les historiens nationaux ont été l'objet aient élevé certains doutes dans l'esprit de quelques Magyars, et que ces derniers, s'abstenant de les consulter, aient suppléé par des conjectures aux renseignements qui leur manquaient.

C'est là un mauvais système. Il ne faut pas rejeter les écrivains nationaux parce qu'on les a accusés. On doit au contraire s'en rapporter à eux, puisque leurs récits suffisent pour démentir une opinion évidemment fausse : c'est une première preuve qu'ils disent vrai. Si les traditions manquent en Hongrie, on les trouve vivantes en Transylvanie, parmi les Sicules. La force des souvenirs est si grande chez cette fraction du peuple magyar, que, dans le siècle où nous vivons, bien qu'il y ait quatorze cents ans que leurs pères ont quitté l'Asie, trois hommes sont partis courageusement, seuls, à pied, pour chercher le berceau des Hongrois, ou, comme ils disaient, des Huns, et sont allés jusqu'en Perse, jusqu'au Thibet. L'un était Csoma de Kőrös, qui est mort à la peine. Les deux autres, qui sont moins connus, MM. de Szemere et ***, sont retournés en Transylvanie, où ils vivent encore.

Il est naturel que les traditions se soient conservées dans toute leur force chez les Sicules. Débris des Huns, comme on le verra tout à l'heure, poursuivis par les nations autrefois soumises, les Sicules, pour se soustraire à leur vengeance, se retirèrent dans le pays qu'ils occupent encore aujourd'hui : il paraît même qu'ils y furent subjugués. Isolé, au milieu de hordes ennemies qui le pressaient de toutes parts, un jour vainqueur et maître, le lendemain vaincu et dompté, ce peuple a dû cruellement souffrir et se renfermer plus encore dans sa nationalité. Relevé un instant par l'apparition de cette seconde armée de Huns qu'on appela Avars ou Abars, puis enfin par l'arrivée des Hongrois, qui domptèrent à leur tour les possesseurs de la Dacie, les Sicules ne s'unirent pas aux nouveaux arrivants, qui se répandirent sur l'Occident pendant près d'un siècle. Tandis que les Magyars ajoutaient à la liste de leurs exploits les courses aventureuses qu'ils firent presque annuellement en Allemagne, en France et en Italie, les Sicules restaient dans leurs montagnes avec leurs souvenirs, qu'ils se sont fidèlement transmis jusqu'à cette heure. Quoiqu'ils aient le cœur hongrois et qu'ils ressentent pour la patrie commune cet ardent amour qui anime tout Magyar, cependant il est resté en eux un certain esprit de tribu, reste de l'ancien esprit de nationalité, qui les a soutenus dans l'adversité. Rappelant la position qu'ils occupent dans une contrée reculée, qui ne nourrit pas d'hommes de race étrangère, et faisant allusion à la situation des autres Hongrois qui sont environnés de nations diverses, les Sicules disent avec fierté : « Les vrais Magyars, c'est nous ; ceux du reste de la Transylvanie sont des Valaques, et ceux de la Hongrie, des Allemands. »

Or, qui se sentira le droit de dire à une tribu sans mélange : Vos traditions perpétuées depuis treize siècles affirment que vous êtes des Huns. On doit les regarder comme certaines, car vous habitez un pays éloigné où rien d'étranger ne pénètre. Elles s'accordent merveilleusement avec les récits des historiens nationaux et ceux des historiens étrangers qui parlent de la Dacie du cinquième siècle. Cependant j'affirme que vous êtes dans l'erreur depuis treize cents ans, et c'est à moi de vous apprendre qui vous êtes.

Ou qui osera dire à cette tribu : Je reconnais que vous êtes des Huns, mais je n'admets pas que vous soyez Hongrois. Il m'est impossible d'expliquer pourquoi, après avoir gardé si fièrement votre nationalité depuis la mort d'Attila, vous êtes devenus tout à coup Hongrois; pourquoi, dans cette Dacie où chacun parlait et parle encore sa langue, vous avez subitement quitté la vôtre et adopté celle des nouveaux arrivants, qui n'ont pas pénétré jusqu'à vous, et par quel hasard vous avez précisément le même caractère et la même physionomie que les Magyars. Cependant j'affirme que vous n'êtes pas Hongrois.

Il faudrait un courage surnaturel pour tenir l'un ou l'autre de ces discours. Que si l'on préfère s'abstenir, la question est singulièrement simplifiée, car elle acquiert une précision mathématique.

En effet, s'il est constaté que les Sicules sont à la fois des Hongrois et des Huns, on en conclura que les Huns et les Hongrois ne forment qu'un seul peuple.

§ 3.

RELATIONS DES HISTORIENS NATIONAUX.

Combinons les récits de Kéza, du Notaire Anonyme, de Thuróczi et de Bonfinio; et, en corrigeant ces historiens l'un par l'autre, recherchons quels furent les commencements des Hongrois (1).

Sans remonter à la confusion des langues, comme les chroniqueurs dont je parle, disons seulement que les Huns entrent en Europe par le Caucase et la mer d'Azow (374). Ils paraissent en Dacie

(1) Il faut tenir compte des exagérations et des confusions que ces chroniqueurs n'ont pu éviter. Cette réserve est nécessaire quand on consulte les premiers historiens d'un peuple, dans quelque langue et dans quelque pays qu'ils aient écrit.

(376), en Pannonie (378), et livrent près de Potentiana (380) une bataille où périssent, selon Thuróczi, cent vingt-cinq mille Huns et deux cent dix mille Romains.

Maîtres de la Pannonie, les Huns ont une suite de chefs, puis choisissent ce guerrier fameux que les Hongrois ont appelé Ethele et les Occidentaux Attila. Kéza parle en détail de ce héros national. Il vante sa force, sa bravoure, sa générosité, voire même sa propreté et sa courtoisie. Il décrit ses habitations, dont l'une, décorée avec un goût extraordinaire, était ornée de colonnes dorées enrichies de pierres précieuses. Les harnais de ses chevaux étaient superbes; sa table, magnifiquement parée. Il avait sur sa bannière un aigle couronné, armes que les Hongrois ont gardé jusqu'au temps de Geyza. Enfin Attila était le plus grand roi du monde.

Nous ne suivrons pas les chroniqueurs hongrois dans le récit des victoires d'Attila, dont l'histoire est trop connue. Rappelons seulement qu'il était né, disent quelques uns, en Transylvanie, à Enyed, et qu'il partagea d'abord le pouvoir avec Buda ou Bléda, son frère : il le tua en 445.

[Les Sicules de la Transylvanie ont religieusement gardé les noms et les autres souvenirs de cette glorieuse époque. Ils affectionnent la ville d'Udvarhely, parce que la tradition rapporte qu'Attila y a campé. Ils nomment une montagne située près de cette ville, *Bud' vára*, « fort de Buda », parce que le frère d'Attila y a construit des retranchements qui se voient encore. Ils appellent *Kadcisfalva*, « village de Kadicsa », un village voisin, fondé par Kadicsa, un des quatre chefs sous lesquels les Huns entrèrent en Europe. Attila n'est pas seulement un héros national pour les historiens hongrois : il l'est encore aujourd'hui pour les Sicules (1).]

Après la défaite de Châlons et la destruction d'Aquilée, Attila revient dans ses états — la Hongrie et la Transylvanie — et meurt. Dès cette épo-

(1) Il y à même une famille, les barons Apor, qui passe aux yeux de tous pour tirer son origine d'Attila.

Il m'est arrivé un jour de regarder une copie de ce tableau de Rubens ou de Rembrandt que l'on appelle, si je ne me trompe, *le Porte-Étendard*, en présence d'un paysan sicule, qui certes n'était pas savant. Ce paysan, me voyant en face du tableau, s'écria : *Attila, Székely király*, « Attila, roi des Sicules ». En effet, le nom d'Attila se lisait à côté du drapeau. Ce nom seul disait beaucoup. Je fus

que les Huns s'affaiblissent. Leur puissance va bientôt tomber.

Attila laisse trois fils : Ellak, qui du vivant de son père était roi des Acatzes, près de la mer Noire ; Dengezisch et Irnak.

[Les historiens parlent encore d'un Chaba ou Kaba qui serait le quatrième fils d'Attila. C'est une erreur. Kaba et Dengezisch ne sont qu'un seul personnage. Les Huns donnèrent à Dengezisch le surnom de Kaba, à cause de ses guerres malheureuses. *Kába* veut dire *en hongrois* « fou, étourdi » (1).]

charmé d'entendre cet homme parler ainsi, et, pour le mettre à l'épreuve, je haussai les épaules en disant : *Attila nem vólt Székely,* « Attila n'était pas Sicule ». — *Nem?* « non? » ...répliqua-t-il aussitôt. *Attila Magyar király.* « Attila, roi des Hongrois », cria-t-il alors, pensant que que je lui accorderais cela plus facilement ; et il me regarda fixement, pour deviner ma réponse, de l'air d'un homme auquel on a fait tort.

(1) *Transsilvania, sive magnus Transsilvaniæ principatus, olim Dacia Mediterranea dictus, auctore* Josepho Benkő, *Transsilvano-Siculo.* Claudiopoli, *edit. sec.*, 1834.

Les fils d'Attila se disputent le pouvoir. Les nations soumises profitent de ces discordes pour se révolter. Ellak est battu et tué par les Gépides. Dengezisch, qui lui succède, est vaincu par les Goths. Une partie des Huns gagne la Petite-Scythie : l'autre se fait battre par les Grecs. Dengezisch, à la tête de ce qui reste de Huns, attaque les Goths : vaincu, il se jette sur les Grecs, éprouve une seconde défaite et trouve la mort. Les Huns se dispersent, ils mettent à leur tête Kuturg Ur et Uturg Ur. Ceux qui obéissent à Uturg restent dans la Scythie, où s'était établi Irnak, troisième fils d'Attila.

[La Scythie prend alors le nom d'*Hunnivár* (1), qui signifie *en hongrois* « citadelle des Huns ».]

Les guerriers de Kuturg vont au delà de la mer d'Azow. Les uns et les autres s'unissent aux Avars, qui ne tardent pas à arriver. De là on les appelle *Hunni-Avares.*

[La dernière expédition de Dengezisch en Grèce a donné lieu à un proverbe *hongrois* bien remarquable. Pour exprimer un temps qui ne doit jamais venir, on dit : « Quand Kaba reviendra

(1) Du Buat, *Hist. anc. des peuples de l'Europe*, t. 8, ch. 3.

de Grèce. » Je ne sais si ce proverbe est encore usité aujourd'hui, mais il l'était au temps de Mathias Corvin, comme on le voit par ce passage de Bonfinio (1). *Hi Chabam in Græcia interiisse reputarunt ; unde orta proverbialis oratio, adhuc per Ungarorum ora vagatur : Tum redeas quando Chaba e Græcia revertetur.*]

Un petit nombre de Huns préfère rester en Dacie, selon le témoignage de Jornandès, plutôt que de s'aventurer dans de nouvelles courses. Ils occupent les vallées de la Maros et de l'Aluta. « Ceux-là, ajoutent les historiens nationaux, sont aujourd'hui nos Sicules. » Ils habitent toujours les mêmes lieux. Ils les conservèrent encore après l'invasion des Avars ; aussi quelques écrivains les font-ils venir avec ces derniers. Ces écrivains ont été induits en erreur par ce fait que Sicules et Avars étaient des hommes de même race. Les Sicules paraissent être restés en Dacie sous deux chefs, Elmedz Ur et Ultindz Ur.

[Les historiens modernes écrivent à tort Kuturgur, Uturgur...., d'où on a fait ces noms de peuple Kuturgures, Uturgures, etc. Il faut écrire

(1) *Decad.* 1, *lib.* 7.

Kuturg Ur, Uturg Ur, Elmedz Ur, Ultindz Ur, Kotrig Ur, Utrig Ur, etc. Le mot *ur* qui se trouve après les noms huns se met *en hongrois* à la suite des noms propres, et signifie « seigneur ». D'ordinaire les Hongrois disent simplement les noms de personnes. Mais quand ils veulent marquer une certaine déférence pour celui dont ils parlent, ils ajoutent le mot *úr* à son nom. *Andrási úr*, par exemple, se traduira mot à mot « Andrási, seigneur », et pourra se rendre à peu près par « Monsieur Andrási ». C'est la coutume de tous les peuples orientaux de mettre après le nom de la personne son titre ou sa dignité. On dit encore en hongrois : *Mátyás Király*, « le roi Mathias »; *Biró kapitány*, « le capitaine Biró ». Les Turcs disent également *Ibrahim pacha*, *Sélim bey*.]

Les Sicules se retirèrent dans les montagnes qu'ils occupent encore aujourd'hui, soit pour se soustraire aux persécutions des Goths et des Gépides, soit parce que les Huns pendant leurs expéditions laissaient dans ces lieux leurs femmes et leurs enfants. Ils devinrent tributaires des Gépides.

[La tradition sicule assurait depuis treize siècles que le reste du trésor d'Attila, formé des tributs payés par les rois vaincus, était caché au pied d'une montagne. Eh bien! elle disait vrai. Il y a moins de dix ans que ce trésor a été trouvé au cœur du pays des Sicules, près de Korond. Il se composait surtout de pièces d'or de Bysance (1).]

En 553, les Avars affranchissent les Sicules en battant les Gépides, de concert avec les Lombards. Ceux-ci sont appelés en Italie par l'eunuque Narsès. Les Avars restent seuls maîtres de la Dacie. Un certain nombre de Huns qui s'étaient fixés en Illyrie viennent les rejoindre. Tous ensemble attaquent l'empire d'Orient. Leur roi ou kagan meurt, et est remplacé par Kursz ou Kársz, qui fonde la ville de *Kársz király árka* (2).

[Ce nom veut dire *en hongrois* « Fossé du roi Kársz ». On se rappelle quels étaient les retranchements des Avars. Evidemment ce sont les Avars qui ont donné à la ville ce nom, que les Hongrois ont trouvé et conservé.]

(1) Les laboureurs qui l'ont découvert se sont enrichis en le vendant en détail. Celui qui écrit ces lignes a pu encore se procurer une des dernières pièces.

(2) Benkő, *Transsilvania*.

Kársz fait une guerre sanglante contre Maurice, empereur d'Orient. Les Avars assiégent Constantinople en 626. Le chan Bajan, leur chef, succombe dans une grande bataille. Dès lors ils décroissent, et Charlemagne les dompte en 803. L'arrivée des Hongrois, qui viennent, comme les Huns et les Avars, par le Caucase et la mer d'Azow, assure l'indépendance des Avars et des Sicules. Ceux-ci restent dans leurs montagnes; mais les premiers unissent leurs bandes à celles des Hongrois. Tout à l'heure ils étaient appelés dans les chroniques latines *Hunni-Avares* : ils prennent maintenant le nom hongrois d'*Abar-Magyarok*.

Les Hongrois se dirigent vers la Pannonie, simplement pour suivre la trace des Huns. *Tunc elegerunt sibi quærere terram Pannoniæ, quam audiverant, fama volante, terram Athilæ regis esse, de cujus progenie dux Almus, pater Arpad, descenderat* (1). A leur approche les peuples qui ont connu les Huns s'empressent de faire leur soumission. *Sclavi vero, habitatores terræ, audientes adventum eorum, timuerunt valde, et sponte sua Almo duci se subjugaverunt, eo quod audiverant Almum ducem de genere Athilæ re-*

(1) *Anonymus Belæ Regis Notarius*, cap. 5.

gis descendisse... (1). Tous les habitants apportent des vivres à l'armée envahissante, s'efforcent de captiver la bienveillance des chefs, leur racontent ce qui est arrivé après la mort d'Attila, car ils retrouvent dans les nouveaux venus ces mêmes Huns qui ont laissé une si terrible mémoire (2).

[La tradition sicule consacre aujourd'hui encore ce fait que, en apprenant l'arrivée d'hommes qui parlaient leur langue, les Sicules marchèrent au devant d'eux pour les guider, et les conduisirent en Dacie. Cette tradition subsistait encore chez les Magyars de la Hongrie au temps de Mathias Corvin. Je cite encore Bonfinio (3). *Multi Siculos qui extremam Daciæ partem cum Attila occuparunt et hucusque tenerant, quam Transsilvaniam nunc appellant, his in Roxolanos usque, audito cognatorum adventu, et Amaxobios, quos nunc Ruthenos Rossiosve dicunt, occurrisse referunt.*]

Les Hongrois s'emparent de la Pannonie et se jettent sur l'Occident. Pendant près d'un siècle ils ravagent sans relâche l'Allemagne, la France et

(1) *Anonymus Belæ Regis Notarius*, cap. 12.

(2) *Id., ibid.*

(3) *Dec.* 1, lib. 9.

l'Italie. Ce n'est pas ici le lieu de retracer leurs incursions. J'emprunterai cependant un fait à M. Dussieux, qui a écrit l'histoire des invasions hongroises. Les Hongrois sont battus près d'Augsbourg par l'empereur d'Allemagne Henri l'Oiseleur. « Parmi les prisonniers étaient Leel et Bolchu, célèbres par leur naissance et par leur courage. L'empereur voulut voir ces deux guerriers, et leur demanda quel outrage ils avaient reçu des chrétiens pour venir ainsi dévaster leurs terres. « Nous sommes, dirent-ils, comme le fut Attila, les fléaux de Dieu. » Enfin les Hongrois quittent la vie aventureuse, sous Gejza, et entrent dans la grande famille européenne. C'est ici que je dois m'arrêter.

On a vu, dans ce résumé succinct qui vient d'être fait, que les *Hun-Abar-Magyarok*, pour parler comme les Hongrois, sont venus par le même chemin, à intervalles réguliers, et ont conquis tour à tour les mêmes contrées. Ils marchent tous sous la conduite de chefs librement élus. Ces chefs ont souvent les mêmes noms. Le nom de Béla, porté par plusieurs rois hongrois, est celui d'un chef des Huns. Attila a pour frère Buda : c'est un Buda qui s'arrête près du Danube à la tête des Hongrois, et fonde la ville de Bude. Les débris des armées dispersées recherchent avec empressement celles qui arrivent. Les Huns accourent de l'Illyrie pour s'unir aux Abars. Ceux-ci, ainsi que les Sicules, marchent au devant des Hongrois. Les nations vaincues par les Huns reconnaissent des Huns dans les Hongrois, et se soumettent à l'avance. De leur côté les Hongrois ne sont conduits en Pannonie que par le souvenir d'Attila, dont ils veulent reconquérir le royaume, et c'est encore le souvenir d'Attila qui les lance sur l'Allemagne, l'Italie et la France.

Je demande s'il est rien de plus simple, de plus naturel, de plus conséquent que les relations des chroniqueurs hongrois. Il fallait vraiment qu'il y eût un parti pris de les réfuter, pour mettre leur véracité en doute. Certes, il y a bien des faits avérés historiquement qui ne sont pas confirmés par des preuves aussi fortes. Et quand les récits des historiens nationaux sont si clairs et si simples, où est la nécessité d'aller chercher si loin, pour les Hongrois, une origine à laquelle ils n'ont jamais songé, et de les convertir en Lapons, en Esthoniens, en Kalmoucks, en Baschkirs, en Groënlandais, etc., etc., etc., car on a peine à suivre l'imagination teutonique dans toutes les régions où il lui a plu de s'égarer. Il faut avoir visité l'Allemagne pour comprendre comment certaines erreurs naissent et prennent consistance dans cette docte et studieuse contrée. Il faut avoir vu les hommes de talent, vivant dispersés dans de petites villes, au milieu d'un cercle de partisans, et s'attachant d'autant plus à leurs opinions qu'elles sont moins contestées autour d'eux.

Admettons donc ce premier point : en disant que les Hongrois sont des Huns, les historiens nationaux sont appuyés par les traditions hongroises. Il reste à démontrer qu'ils sont également d'accord avec les historiens étrangers. Mais avant de sortir des preuves tirées des monuments hongrois, essayons de répondre à ceux qui les ont repoussées.

On s'est attaqué principalement aux Sicules : car, s'il faut reconnaître en eux les restes des Huns, l'origine des Hongrois n'est plus douteuse. Quelques érudits out nié qu'ils aient habité la Transylvanie dès le cinquième siècle, comme débris des Huns. Ils ont osé dire à des hommes dont l'amour national est le plus fort des sentiments que leur attachement à la mémoire des Huns était chose fort absurde, par l'excellente raison qu'ils étaient d'avis, eux écrivains, que les Huns et les Sicules n'avaient aucune espèce de parenté.

Un jésuite allemand, Fasching (1), rappelant ce passage des historiens nationaux qui porte à trois mille le nombre des Huns restés en Transylvanie, trouve impossible que trois mille hommes aient occupé la Dacie, quand les Romains, avec toutes leurs forces, ne purent la conserver. Il suppose que les Sicules sont simplement des Jazyges, placés par Béla IV aux frontières, dans le treizième siècle, pour défendre le pays contre les Tatars.

En niant qu'un petit nombre de Huns soient restés en Dacie, Fasching n'est pas seulement en contradiction avec les chroniqueurs hongrois, il l'est encore avec Jornandès, dont il faut se méfier quand il parle des Goths, mais dont la véracité du reste est des mieux constatées, et il l'est de plus avec tous les écrivains sicules, qui ont constamment affirmé le même fait. En outre Kéza et Thuróczi, en donnant ce chiffre de trois mille, font entendre qu'il s'agit seulement des guerriers. Or ces guerriers avaient leurs femmes et leurs enfants, ce qui

(1) Je cite avec quelques détails les opinions de Fasching et d'Engel, parce qu'elles ont été généralement adoptées. Ce fut après eux que les écrivains allemands développèrent hardiment leur système.

porte à quinze mille environ le nombre des Huns restés en Dacie. Est-il donc absurde de croire que ces quinze mille individus, qui, suivant Kéza, absorbèrent les Valaques qui se trouvaient parmi eux, aient pu vivre dans des montagnes reculées, jusqu'à l'arrivée des Avars et des Hongrois, et qu'ils se soient multipliés en treize siècles au point de former une tribu à part de deux cent mille âmes ? Fasching trouve impossible que trois mille Huns occupent la Dacie, que les Romains avec toutes leurs forces ne purent conserver. Il a certes parfaitement raison. Mais, loin de le supposer, nous disons au contraire qu'ils se retirèrent dans les montagnes pour se faire oublier, qu'ils payèrent un tribut aux Gépides, et qu'ils ne furent délivrés que par l'arrivée de leurs compatriotes. Enfin Fasching, en avançant que les Sicules ont été placés aux frontières par Béla IV, commet une erreur très grave. En effet, saint Etienne, qui fonda le royaume de Hongrie et divisa en comitats le territoire hongrois, ne compte tout le pays occupé par les Sicules que comme un seul comitat. De là le titre de *comes Siculorum* que portèrent après lui les rois de Hongrie, et que portent de nos jours les empereurs d'Autriche. Cela est constaté dans les lois hongroises. Ce fait montre qu'au temps de saint Etienne les Sicules avaient déjà le pays qui porte leur nom et qu'ils occupent toujours. Est-il besoin d'ajouter que saint Etienne a vécu au commencement du onzième siècle, et que par conséquent les Sicules n'ont pu être postés aux frontières sous Béla IV dans le courant du treizième?

La plupart des écrivains qui n'ont pas voulu reconnaître dans les Sicules les débris des Huns se sont accordés à dire qu'ils n'étaient autre chose qu'une fraction de Cumans, lesquels s'emparèrent de la Moldavie (Atelkouzou) dans le même temps que les Magyars d'Árpád se rendaient maîtres de la Pannonie. On a supposé que plusieurs milliers de Cumans avaient passé les montagnes de la Moldavie et étaient venus s'établir en Transylvanie sous le nom de Sicules. Engel, en sa qualité d'Allemand un peu magyarisé, arrange toute une histoire en s'appuyant sur la langue hongroise. Mais cette opinion n'est pas fondée. D'abord on ne trouve dans aucun historien ni dans aucun document quelconque cette transmigration de Cumans. De plus, une pareille hypothèse est en contradiction avec les faits.

Les différentes tribus hongroises qui marchèrent vers l'Europe se firent en chemin la guerre. Cela est arrivé au reste à toutes les tribus des grandes nations. Elles se sont toujours battues entre elles, soit dans la patrie même, quand la population devenait trop nombreuse, soit en route, quand elles se disputaient un nouveau sol. Les tribus hongroises se combattirent dès l'Asie, et continuèrent à se faire la guerre en Europe. Les Cumans, par exemple, défendirent la ville russe de Kiew contre les Magyars. Il est vrai qu'ils s'unirent le lendemain de la bataille. Après que le royaume de Hongrie fut fondé, l'esprit de tribu dura encore. Les Magyars, qui marchaient sous Árpád, avaient pris plus d'importance que les autres tribus, et le pays s'était appelé « royaume Magyar », *Magyar ország*. Tous ne formaient plus qu'un seul peuple. Mais il restait encore dans chaque bande un esprit de tribu, et des révoltes éclatèrent parmi ceux qui n'étaient pas Magyars. Les Cumans se soulevèrent sous Ladislas IV, vers la fin du treizième siècle. Ils habitaient plusieurs points du royaume. Partout et en même temps ils prirent les armes, car ils obéissaient tous à cet esprit de tribu qui était alors dans toute sa force et qui n'a pas entièrement disparu de nos jours. Or, entre les Hongrois restés fidèles, quels furent ceux qui se levèrent les premiers pour comprimer la révolte ? Les Sicules, que l'on veut confondre avec les Cumans; les Sicules, qui se révoltèrent aussi de leur côté, à d'autres époques. Voici le commencement d'une charte accordée le 17 septembre 1289 aux Sicules par Ladislas IV, laquelle fait complétement justice de l'opinion que nous combattons en ce moment :

Consideratis fidelitatibus et meritorum servitiis Siculorum nostrorum quæ primo Domino Regi Stephano, patri nostro carissimo, et per consequens nobis, cum summo ardore fidelitatis laudabiliter exhibuerunt:— nam, cum Comani, versi in perfidiam, ausu temerario elevato vexillo, crimen læsæ majestatis non formidantem in Houd (1) *contra personam nostram insurrexerant, convenerant; iidem Siculi, dubios eventus fortunæ non verentes, nobis cernentibus, contra ipsos Comanos, et aciem eorumdem, se viriliter et laudabiliter opposuerunt, et in eodem prælio nobis multipliciter meruerunt complacere....* (2).

Il faut remarquer avec quelle assurance les écrivains allemands avancent que les Sicules sont tantôt des Cumans, tantôt des Jazyges, et cela sans

(1) Vieux mot hongrois pour *Had*, « guerre ».

(2) Benkő, *Transsilvania*.

aucune espèce de preuves. On ne s'étonnera pas alors qu'Engel, marchant sur les traces de ses devanciers, ait composé une véritable histoire. Dans l'année 893, dit-il, les Magyars se trouvaient dans la grande Moravie, où Arnoulf les avait appelés ; ils avaient laissé leurs vieillards dans la Moldavie supérieure, sous la garde de quelques guerriers, quand les Bulgares et les Petchénègues fondirent sur leurs terres. Les guerriers s'enfuirent et se réfugièrent dans les montagnes qui séparent la Transylvanie de la Moldavie. Telle est l'origine des Sicules. Les Magyars les retrouvèrent quand ils vinrent en Transylvanie, et, comme ils étaient prodigues de sobriquets, il est *probable* qu'ils les nommèrent *Székely* (de *szökni*, fuir). C'est pour cette raison qu'ils furent condamnés à marcher à l'avant-garde des armées hongroises, et qu'ils furent appelés dans les annales *nequissimi* et *vilissimi* (1).

(1) Les Sicules sont appelés en hongrois *Székely*, parce que, dit-on, les Huns laissaient leurs femmes et leurs enfants dans les montagnes qu'ils occupent aujourd'hui, et qui furent appelés *Szék hely*, « lieu de la demeure ». D'autres pensent que les Magyars, trouvant l'administration sicule toute organisée, appelèrent le pays

Aucune preuve ne vient appuyer le récit d'Engel: il est au contraire démenti par plusieurs faits. Les Sicules ont reçu quelquefois des épithètes peu flatteuses, à cause de leurs révoltes, et de l'envie qu'excitaient leurs priviléges; mais tous les documents hongrois signalent leur bravoure. Ils sont appelés dans le décret Tripartit (1) *rerum bellicarum expertissimi*, et dans le Diplôme de Léopold (2) *genus hominum bellicosissimum*. Pour mettre à profit leur humeur belliqueuse, les rois de Hongrie leur imposèrent le service militaire, en les exemptant de toute autre charge. Ce service consistait à marcher à l'avant-garde des armées hongroises pendant la guerre, et à garder les frontières pendant la paix. Il est étrange qu'Engel, oubliant l'histoire,

des Sicules *Szék hely*, ce qui veut dire aussi « lieu de siéges ». Le jésuite Timon prétend que *Székely* dans le vieux hongrois signifiait « gardien », et que les Sicules reçurent ce nom parce qu'ils gardaient les frontières. Verbőczi écrit que les Sicules sont appelés ainsi par corruption de Scythules (*Scythuli*), parce qu'ils étaient venus de la Scythie, comme tous les Huns.

(1) Livre de lois hongroises.

(2) Charte de Transylvanie.

trouve cette singulière explication aux devoirs militaires des Sicules. Les Hongrois d'ailleurs n'auraient pas commis l'imprudence de mettre à l'avant-garde les hommes les plus lâches de l'armée.

Voilà les objections qui ont été faites aux Sicules. Ils répondent, ce nous semble, suffisamment. De la discussion historique qui précède ressort ce fait que les Sicules occupent la Transylvanie dès le cinquième siècle, fait qu'il est impossible d'expliquer si on repousse les écrivains hongrois.

Nous arrivons donc, en étudiant l'histoire, aux mêmes conclusions qu'en consultant la tradition, à savoir que, les Sicules étant reconnus pour des Huns et pour des Hongrois, il en résulte que les Hongrois sont des Huns.

§ 4.

RELATIONS DES HISTORIENS ÉTRANGERS.

Consultons maintenant les chroniques des différentes nations qui ont eu successivement à se défendre contre les Huns, les Avars et les Hongrois. N'ont-elles pas reconnu les mêmes ennemis dans les armées qui les attaquaient sous ces trois noms?

Voyons d'abord les historiens bysantins. Jean Malala et Théophane appellent les Avars un peuple hunnique. Simocatta écrit d'eux, après les avoir nommés Avars : « Ces Huns, voisins du Danube, forment le plus fourbe et le plus avide des peuples nomades. »

Léon Diacre, en parlant des Hongrois qui firent en 961 la guerre à l'empire, dit : « Ils portent le nom de Huns. » Cinname et Théophane donnent continuellement le nom de Huns aux Hongrois. Nicéphore Grégoras, en racontant l'irruption mongole de 1224, qui mit le royaume de Hongrie à deux doigts de sa perte, dit que les peuples qui habitaient alors près du Danube « s'appellent Huns et Cumans ». Enfin Ducas, qui écrit au quinzième siècle, désigne encore les Hongrois sous le nom de Huns.

Que les premiers annalistes, au moment de l'apparition des Magyars, aient écrit des erreurs sur leur origine, il n'y a personne qui s'en étonne. Qu'un certain nombre d'écrivains bysantins aient donné à ces nouveaux venus le nom de Turcs, c'est encore ce que l'on peut expliquer : les Grecs appelaient ainsi tous les peuples nomades (1). Mais au

(1) « De même que les historiens chinois, arabes, et, en général, tous les écrivains orientaux, ils appliquent indistinctement aux peuples nomades la dénomination de *Turcs*. Ce mot, dans les langues orientales, signifie « émigrants ». En langues chaldéenne et syriaque, *tarek* (adjectif) et *tiruk* (substantif) : en arabe *tharaka* veut dire « abandonner ». Il est à remarquer que le nom de Turc, qui se retrouve souvent dans les historiens, n'était porté par aucun des peuples auxquels on l'a donné. Les *Turcs*-Hongrois se nomment Magyars. Les *Turcs* de Constantinople s'appellent *Osmanlis, etc.* « Etienne Horvát, Pesth.

quinzième siècle, au temps de Jean Hunyade, quand les relations entre Bude et Constantinople étaient si fréquentes, des écrivains pouvaient-ils commettre une erreur aussi grossière? Et s'ils se servaient précisément du nom de Huns, n'était-ce pas parce qu'ils se savaient bien informés ?

Les historiens occidentaux ne sont pas moins clairs que les écrivains bysantins. Ouvrons les recueils de dom Bouquet pour la France, de Pertz pour l'Allemagne, de Muratori pour l'Italie, et voyons si les occidentaux avaient retrouvé des Huns dans les Avars.

La Chronique de Verdun, les Annales d'Eginhard, les Annales Pétaviennes, les fragments d'Annales de 768 à 806, donnent toujours aux Avars le nom de Huns. Dans les Annales de Fulde, la Chronique de Sigebert, les *Annales Francorum* de 714 à 817, nous trouvons tantôt le nom de Huns, tantôt celui d'Avars. Les auteurs de ces chroniques ne commettent ici aucune confusion. C'est toujours de ce peuple habitant la Pannonie, au milieu des Slaves, qu'ils veulent parler. Quelquefois ils nous avertissent qu'il porte les deux noms. La Chronique d'Herman, par exemple, nous dit : *Hunni, qui et Avares, a Caroli vincuntur exercitu*. Nous lisons dans

Paul Diacre : *Alboin vero cum Avaribus, qui primum Huni, postea a regis proprii nomine Avares appellati sunt*... Au troisième livre des Gestes des Français d'Aimoin, on trouve : *Tunc temporis Huni, qui et Avares dicuntur, a Pannonia egressi, in Thoringam bella gravissima cum Francis gesserunt.* Qu'on ne s'imagine pas que les annalistes aient été induits en erreur parce que les Huns et les Avars venaient de la Pannonie. Ils les distinguaient précisément des autres peuples qui ont possédé cette contrée entre les diverses invasions hunniques.

Il n'est pas nécessaire de multiplier les citations. Disons seulement que les Annales de Saint-Gall, les *Annales Francorum* de 761 à 814, les Annales de Metz, la Vie de saint Rudpert, les vers de Théodulfe, ceux du poëte Saxon, et d'autres écrits encore, constatent ce fait, avec les chroniques déjà citées, que les Avars étaient reconnus pour des Huns. Il en est de même des Hongrois.

L'auteur des Gestes de Louis le Débonnaire, après avoir dit que l'empereur passa le Rhin « pour yverner en un lieu qui en Tyois est apelez Franquenoforth », ajoute : « Là fist assembler un parlement de toutes les nations qui de là le Rim obéissent au roiaume de France : ovec les princes dou païs ordena en ce parlement de toutes les choses qui apartenaient au porfit de la terre. En ce parlement oï et congea dui manieres de messages des Normans et des Avares, qui or sont apelé Hongre, si com aucun volent dire. » Remarquez combien notre chroniqueur est exact. Ces événements se passent en 822 : aussi a-t-il conservé le nom d'Avars. Mais comme au temps où il écrit les Avars sont oubliés et remplacés par les Hongrois, il prévient son lecteur, pour plus d'éclaircissements, que les deux peuples n'en font qu'un. Le chroniqueur du monastère de Saint-Wandrille donne des détails aussi circonstanciés. Il dit positivement que les Huns, les Avars et les Hongrois, ne sont qu'un seul peuple. Quand il raconte le partage de l'empire français entre les fils de Louis, *Ludovicus*, dit-il, *præter Noricam, id est Bajoariam, quam habebat, tenuit regna quæ pater suus illi dederat, id est Alemanniam, Turingiam, Austrasiam, Saxoniam, et Avarorum, id est Hunnorum seu Ungarorum, regnum*. Les Annales de Fulde appellent toujours les Magyars « des Avars auxquels on donne le nom de Hongrois », *Avari qui dicuntur Hungari*.

J'abrège et ne fais pas mention des chroniqueurs ni des poëtes qui emploient les mots *Hunni* ou

Avares quand ils parlent des Hongrois. Il y en a beaucoup (1).

Les écrivains que nous venons de citer ont commis, il est vrai, bien des fautes par ignorance. Mais ils nous paraissent bien informés quand ils confondent à dessein les Huns, les Avars et les Hongrois. Il est impossible de comprendre comment les chroniqueurs français, allemands et italiens, écrivant dans des temps et des pays divers, commettraient précisément les mêmes erreurs que les annalistes hongrois et bysantins, dont ils étaient fort éloignés. Si tous s'accordent, c'est parce qu'ils disent vrai.

(1) V. entre autres, dans *Muratori*, le panégyrique de Bérenger et les notes, ainsi que les additions à la chronique de Salerne : *Hunni et Avares eadem gens fuere qui postea Hungri seu Hungari appellati sunt, et adhuc appellantur...*

§ 5.

PARALLÈLE ENTRE LES HUNS, LES AVARS ET LES HONGROIS.

Aux citations qui viennent d'être reproduites nous joindrons quelques remarques qui les complètent et qui aideront à faire connaître les peuples hunniques.

Nous avons dit que les Huns et les Hongrois avaient les mêmes étendards. De plus, ils maniaient les mêmes armes, *arcus, cultros et lanceas*, disent les chroniques. Les soldats qui composaient ces grandes armées émigrantes avaient pour costume le pantalon flottant de toile blanche, qui était porté de temps immémorial par certains peuples de l'Asie (les Persans entre autres), la courte chemise, les bottes, chaussure ordinaire des cavaliers, et une peau d'animal : c'est absolument de cette façon que s'habillent aujourd'hui les paysans magyars (1). Quant aux *vezérs*, ils avaient les bottines, particulières aux chefs asiatiques, et cet habit serré au corps qui descend jusqu'aux genoux et s'attache sur la poitrine, que portent même aujourd'hui les gentilshommes hongrois, et qu'on appelle encore, d'un bout de la Hongrie à l'autre, un *attila ;* ils jetaient sur l'épaule la *mente* ou une peau de tigre. Répandez l'or et les pierreries sur cet habit de guerrier et de chasseur, et vous avez ce magnifique costume hongrois dont l'éclat frappait les Grecs raffinés de Constantinople, et qu'on peut voir, en ce moment même, à la diète de Presbourg.

On a remarqué que, si un nom de Hun ou un nom avar a un sens quelconque, c'est à l'aide de

(1) Ce pantalon est si large, qu'il figure un jupon. De là vient qu'Ammien Marcellin a écrit des Huns : « Ils s'habillent avec de petits jupons », sans songer qu'un peuple cavalier ne peut pas se costumer ainsi.

Les Avars avaient la coutume hongroise de se tresser les cheveux.

... *colubrimodis Avarum gens dira capillis.*

(Corippe.)

« ... Du reste ils étaient habillés comme les Huns. »

(Deguignes, *Hist. des Huns,* liv. 4.)

la langue hongroise qu'on peut l'expliquer. Nous ajouterons que les Huns et les Hongrois avaient le même alphabet. L'alphabet connu sous le nom de huno-scythe, qui est reproduit dans les ouvrages de Mathias Bel, de Gyarmathi et de Besse, était, les savants l'ont dit, l'alphabet des Huns. Or il rend parfaitement tous les sons de la langue hongroise et n'en rend pas d'autres. Personne n'ignore que les premiers rois chrétiens de Hongrie s'empressèrent d'adopter les lettres envoyées de Rome, et de faire disparaître la vieille écriture magyare. Ce fut surtout chez les Sicules que l'écriture nationale se conserva. Gyarmathi, dans son premier ouvrage, a donné une inscription hongroise du treizième siècle qui se trouvait gravée sur une église du siége sicule de Csik. Cette inscription consiste purement en lettres empruntées à l'alphabet des Huns, et Gyarmathi, avec la clef de cet alphabet, est parvenu à la déchiffrer.

Nous pouvons reconnaître que les peuples hunniques sont venus de l'Asie, à ce fait qu'ils apparaissent en Europe par hordes immenses de cavaliers fougueux, parcourant l'espace avec une rapidité incroyable. Comme les autres peuples asiatiques, ils estimaient peu les richesses qu'ils conquirent si rapidement : ils ne furent pas amollis par le luxe. Les Grecs s'étonnaient de retrouver toujours aussi intrépides des guerriers qui couvraient de plaques d'or et de pierres précieuses leurs habits, leurs selles et les harnais de leurs chevaux. Ce furent les dissensions intestines qui perdirent les Huns, les Avars, et qui firent tomber le royaume de Hongrie.

L'organisation des bandes était la même chez les Huns et chez les Hongrois. « L'empire des Huns était gouverné par vingt-quatre principaux officiers qui commandaient chacun un corps de dix mille cavaliers. Ils avaient sous leurs ordres des chefs de mille hommes, de cent hommes, de dix hommes (1) ». Telle est la base de l'administration établie en Hongrie par saint Etienne. Le législateur n'organisa si vite son royaume que parce qu'il appliqua à la formation de l'état les règles qui régissaient son armée.

En parlant de la religion des Huns, Deguignes écrit : « Tous les jours le Tanjou ou chef sortait de son camp, le matin pour adorer le soleil, et le

(1) Deguignes, *Hist. des Huns,* liv. I, p. 26.

soir la lune...» (1). Ménandre rapporte ainsi le serment prononcé par le Chagan des Abars : « Si je manque à ma parole, que le glaive m'extermine, moi et ma nation ; que le dieu Feu, qui est dans le Ciel, nous frappe...» (2). Les Hongrois avaient les mêmes croyances. Venus après les Huns et les Avars, ils apportèrent seulement des idées plus pures. Suivant Cornides, ils adorèrent d'abord le soleil, puis ne virent en cet astre qu'un symbole de la divinité, et furent amenés ainsi à reconnaître l'unité de Dieu. En effet, on ne peut douter que les Hongrois n'aient adoré le soleil, si on remarque que leurs croyances religieuses se rapprochaient de celles des Persans. Comme eux, ils sacrifiaient des chevaux blancs à leur divinité. Le nom même qu'ils donnaient à Dieu, *Isten*, dérive du persan *Iesdân*. Aujourd'hui encore nous appelons *Isdaniens* les peuples guèbres de la mer Caspienne.

Ces analogies, à défaut des chroniques, suffiraient pour établir la communauté de race entre les Huns, les Avars et les Hongrois.

Il nous semble enfin qu'on pourrait adresser une question fort difficile à ceux qui repoussent les

(1) Deguignes, *Hist. des Huns*, l. I, p. 26.
(2) *De Legat.*, lib. 2.

traditions hongroises et les relations de tous les historiens. Les armées qui ravagèrent l'Occident sous Attila n'étaient pas seulement composées de Huns. Les Huns ne fournissaient qu'un certain nombre de cavaliers, particulièrement dévoués à Attila, mais qui ne formaient pas même la moitié des combattants. Le reste était composé de Gépides et autres barbares que les Huns entraînaient avec eux. Ce fait est non seulement prouvé par le rapport des historiens, mais il sera évident pour quiconque se souviendra qu'aussitôt après la mort d'Attila le vaste empire des Huns disparut. Pour expliquer cette disparition subite et complète, il faut admettre que les Huns se retirent, et que chacun des peuples qui, de gré ou de force, suivaient Attila, reprend son indépendance.

Maintenant peut-on supposer que les Huns, qui occupaient, suivant Deguignes, un empire étendu, et formaient un des peuples les plus formidables de l'Asie, disparaissent complétement de la terre parce que les guerriers d'Attila ont péri? Qu'on exagère les chiffres des historiens, qu'on admette que plus d'un million de soldats obéissaient à Attila, on n'osera pourtant pas avancer que la moitié ou le tiers de cette armée fût tout ce qui restait de ce peuple formidable. En lisant attentivement l'histoire des Huns, en observant les vicissitudes de cette nation, qui a joué un si grand rôle en Asie, on se dit malgré soi que tout n'est pas fini, que la déroute d'Attila n'est qu'une affaire d'avant-garde, et on pressent l'arrivée de ces bandes innombrables qui, du sixième au dixième siècle, viennent sous des noms différents se retrouver en Pannonie.

On a dit que les Huns, les Avars et les Hongrois, n'eussent eu qu'un même nom s'ils avaient formé un seul peuple. Avant d'examiner la valeur de cette remarque, peut-être n'est-il pas hors de propos d'indiquer les étymologies que l'on a données à ces différents noms.

Les Huns sont appelés par quelques écrivains *Chuni*, *Urgi*, *Ugri*, *Massagetæ*. Philippe Melanchton pensait que le mot *Hun* venait de l'hébreu *hana*, « camper ». C'est un nom purement hongrois : *Hun*, au pluriel *Hunok*. Les Cumans, en hongrois, se nomment *Kun*, *Kunok* (1). Les Avars ont été ainsi appelés, selon les uns, à cause de leurs fameux retranchements. En hongrois, *vár* si-

(1) Dans le vieux hongrois, le *k* était très aspiré : on le confondait presque avec l'*h*.

gnifie « forteresse », comme en hébreu. Selon d'autres cette dénomination vient du nom d'un de leurs chefs, *Var*. Nombre d'écrivains les appellent *Varchuni* (peut-être « Huns des forteresses »?). On a aussi écrit que les Bohêmes les nommaient *Obor*, « géants », à cause de leur grande taille. Enfin on dit encore que les Avars se nommèrent ainsi, parce qu'ils étaient la réserve des Huns, des Huns tués et dispersés : *Avar*, en hongrois, signifie l'herbe qui reste sur la prairie et qu'on ne coupe pas. Le nom de *Magyar* est hongrois. Quant à celui de *Hungari*, qui a été reproduit avec une foule de variantes, le Notaire Anonyme le fait venir de la ville de Hungu. Fessler pense que ce nom a été adopté par les Européens parce que les Ostiaks appelèrent les Magyars *Ogur*, *Ugor*, à cause de leur taille élancée ; ce qui correspond à l'*Obor* des Slaves. Il y a une quantité d'explications différentes.

Voilà bien des noms en effet. Mais n'avons-nous pas vu que les Hongrois qui ont conquis la Pannonie étaient divisés en tribus, lesquelles avaient chacune leur nom distinct ? D'ailleurs il est très naturel que des hordes étrangères qui vinrent, à plusieurs époques, ravager nombre de contrées, aient reçu des uns et des autres une foule de noms différents. Plus de vingt ou vingt-cinq noms divers ont été donnés aux Hongrois seuls, grâce aux confusions et à l'ignorance des chroniqueurs. Ce peuple qui depuis tant de siècles occupe le centre de l'Europe, et qui dans sa langue se nomme *deutsch*, est appelé par les Français *allemand*, par les Anglais *german*, par les Italiens *tedesco*, par les Hongrois *német*, par les Turcs *nemtze*, etc.

La différence de noms ne serait donc pas ici une objection. Mais cette différence n'existe pas. Bien au contraire, entre tous les noms que nous avons énumérés il y a un certain rapport qui indique entre chaque membre de la grande nation une parenté évidente. Dans tous se trouve le nom *Hun* ou *Kun*, sous lequel sans doute fut désignée cette nation orientale. Les Huns n'en ont pas d'autre. Les Cumans, je le répète, s'appellent *Kunok*. Les Avars sont ausi nommés *Varchuni*. Enfin cette fraction qui, dans sa langue, porte le nom de Magyar, a reçu de tous les étrangers celui de *Hungari*. Ce nom, dit Lebeau, marque leur descendance des Huns.

Engel avance que décidément les Hongrois sont étrangers aux Huns, parce que les Huns étaient « trop laids ». L'objection est singulièrement flatteuse pour les Hongrois; mais nous la combattrons, car on l'a prise au sérieux. On a parlé du type « particulier » des Huns, on a rappelé ce qu'a écrit Ammien Marcellin : « Leurs membres gros et courts, avec un petit col fort épais, donnent à tout leur corps une apparence si grossière, qu'on les prendrait pour des monstres à deux pieds, ou pour des poteaux grossièrement taillés... »

Nous avons dit plus haut que les Huns ne formaient qu'une partie de l'armée d'Attila. Il est certain que tous les peuples de l'Asie se trouvaient dans son camp. La description d'Ammien Marcellin peut s'appliquer à plusieurs d'entre eux.

Sait-on d'ailleurs quelle description certains auteurs ont faite des Hongrois du dixième siècle? On possède la date précise à laquelle les Hongrois ont mis fin à leurs expéditions aventureuses dans l'Occident. On connaît exactement le sol où vivent aujourd'hui leurs fils : c'est ce qu'on nomme les *Puszta*, les Steppes. On sait en outre que les Hongrois ne se sont pas mêlés aux vaincus, puisqu'ils ont pris possession des plaines, fidèles aux goûts qu'ils apportèrent de l'Asie, et que ceux-ci se sont réfugiés dans les montagnes. Vous rencontrerez donc en Hongrie les véritables descendants de ces guerriers qui dans le courant du dixième siècle jetèrent l'épouvante dans nos contrées. Voyez-les. Vous ne tarderez pas à reconnaître que les Magyars forment une des plus belles races qui existent. Puis, avant que vos impressions s'effacent, lisez ce que nos écrivains du moyen âge ont écrit de leurs pères. « Ces chroniques nous représentent les Hongrois comme des hommes *de petite taille*, mais d'une vivacité extraordinaire, ayant la tête entièrement rasée, pour ne donner aucune prise à leurs ennemis, *les yeux enfoncés* et étincelants, *le teint jaune* et basané. *Leur seul aspect épouvante*, car leur visage, *véritable amas d'os*, *est couvert* de cicatrices et *de difformités*; les mères, disait-on, pour habituer leurs enfants à la douleur et les rendre terribles à voir, les frappent et les mordent au visage dès qu'ils sont nés » (1). Ajoutons, avec les légendes allemandes, qu'elles se livraient à cet exercice à l'aide d'une grosse dent, semblable à une défense de sanglier, qui leur pendait au côté gauche de la bouche....

Si l'on peut rejeter les portraits que les chroniqueurs ont tracés des Hongrois, est-il permis de prendre au sérieux les descriptions qu'ils nous ont données des Huns?

(1) Dussieux, *Essai historique sur les invasions des Hongrois.*

Les peuples attaqués par les Huns et par les Hongrois ont dû les regarder avec terreur. En les voyant sur le champ de bataille ou dans la ville prise, couverts du sang de leurs frères massacrés, ils ont eu pour eux une horreur profonde. Joignez à ces sentiments ce qu'ajoutaient la renommée et l'imagination, et vous vous étonnerez que les Huns et les Hongrois ne nous apparaissent pas plus hideux encore. L'ennemi est toujours affreux.

Il est également fort concevable que les vaincus nous les représentent comme une horde de brigands, vivant sans Dieu, sans lois, et n'ayant d'autre jouissance que celle d'égorger : *Hungarorum gentem cupidam, audacem, omnipotentis Dei ignaram, scelerum omnium non insciam, cædis et omnium rapinarum solummodo avidam* (1)... Aussi n'est-ce pas dans nos annales que nous étudierons les mœurs des peuples hunniques. En effet, tandis que nos auteurs du moyen âge ne parlent qu'avec une sainte horreur

des Hongres, que Dieu puist maléir!

plusieurs historiens grecs et arabes les peignent

(1) *Luitprandi historia*, cap. 5.

comme un des peuples les plus policés (1).

Sans doute, en leur qualité de peuple nomade et guerrier, ils vivaient du fruit de leurs victoires. Ils pillaient, ils cherchaient à s'emparer du sol. C'en était assez pour qu'ils devinssent odieux aux nations de l'Europe. Mais faut-il, sur le simple rapport de nos annalistes, les regarder comme des barbares placés au dernier degré de la civilisation? Faut-il oublier qu'ils ne marchaient jamais sans chefs librement élus par eux? qu'ils avaient tous droit à délibérer dans les diètes générales que les *Vezérs* convoquaient chaque fois qu'une décision importante était à prendre? qu'ils avaient des lois, dont l'exécution était confiée à certains guerriers revêtus d'un caractère presque sacré? que les disputes étaient promptement terminées et les vols sévèrement punis par ces magistrats? Faut-il oublier que leurs croyances religieuses étaient beaucoup plus belles que celles des Grecs et des Romains, puisqu'ils adoraient un seul Dieu? Quand ils pénétrèrent en Pannonie, ils envoyèrent un de leurs guerriers à la découverte. Le messager revint au camp, au bout de plusieurs jours, portant un peu

(1) V. page 52.

de terre et une corne remplie d'eau du Danube. Árpád montra à ses soldats l'eau et la terre, qui furent trouvées bonnes ; puis, s'adressant au Dieu des Hongrois, il lui sacrifia un cheval blanc, en le priant d'accorder à ses serviteurs la possession de ce sol fertile.

Nos chroniqueurs, en parlant des Magyars, omettent ces faits ou les expliquent d'une manière étrange, car ils sont sous l'impression des récits exagérés qu'ils entendent. Après avoir dit que le vol était sévèrement puni parmi les Hongrois, « qu'adviendrait-il, en effet, s'ils se volaient entre eux? », ajoutent-ils. *Nullum scelus apud eos furto gravius : quippe sine tecti munimento pecora et armenta alimentaque habentibus, quid præter sylvas superesset, si furari liceret* (1)? L'explication n'est pas sérieuse. Il serait arrivé ce qui a été vu chez tous les peuples nomades que ne régissaient pas certaines lois. Après avoir pillé les vaincus, les vainqueurs se disputaient le butin. C'est ce que font de nos jours les Arabes que nous combattons en Algérie.

Ceux même qui ne veulent ajouter foi qu'à nos annalistes devraient avoir une certaine réserve

(1) *Annales Mettenses*, 889.

Qui ne sentira quelque doute en lisant ce que Régino a écrit des Hongrois ? *Vivunt non hominum sed belluarum more, carnibus (ut fama est) crudis vescuntur, sanguinem bibunt, corda hominum quos capiunt particulatim dividentes, veluti pro remedio devorant, nulla miseratione flectuntur, nullis pietatis visceribus commoventur... Ut fama est*, dit Regino. Eh ! qui a jamais cru la renommée ? C'est la renommée qui a appris aux paysans hongrois que les Tatars n'avaient pas un visage d'homme : de là l'inévitable épithète *Kutya fejü Tatár*, « Tatar à tête de chien ». Aujourd'hui encore, dans nos chaumières de la Champagne, la renommée répète d'étranges choses sur les Cosaques de 1815.

En supposant que les Hongrois étaient les plus grossiers des barbares, les historiens modernes n'ont pas remarqué qu'ils se posaient un problème insoluble. En effet, aussitôt que la lumière du christianisme pénètre parmi les Hongrois, et qu'ils renoncent à la vie nomade, nous les voyons former une société régulière, soumis à une administration bien supérieure au régime féodal (1), et se placer tout

(1) Nous expliquerons ailleurs l'administration de saint Étienne, qui est trop peu connue.

d'abord au premier rang des nations. Ce progrès s'opère en quelques années. Comment expliquer que ces mêmes hommes, qu'on nous représente comme des espèces de brutes, aient pu, en un quart de siècle, former un état et une société semblables, s'ils n'avaient déjà une certaine civilisation? Ce changement prodigieux devient facile à concevoir si on s'en rapporte aux écrivains grecs et arabes que nous avons cités plus haut. Il suffit de dire que les lois qui régissaient les bandes errantes gouvernent aussi la nation devenue européenne, et qu'au lieu de vivre de pillage, les Hongrois commencent à cultiver le sol.

On peut croire que ce qui vient d'être dit des Hongrois doit également s'appliquer aux Huns. Les descriptions qu'on nous a laissées des Huns nous étonnent peu; mais nous devons tenir compte du sentiment qui les a dictées, et n'emprunter à nos écrivains que les détails généraux des victoires d'Attila. Il n'est pas nécessaire de réfléchir beaucoup pour se convaincre que tout ce qu'on raconte du chef des Huns a un caractère fabuleux. On nous le représente en effet comme une bête altérée de sang : quand on l'a appelé « tigre » on ne trouve plus rien à dire de lui; et cependant on ne peut s'empêcher de reconnaître qu'il était doué du génie militaire et politique. « Il aimait la guerre ; mais lorsque, parvenu à un âge mûr, il fut monté sur le trône, la conquête du Nord fut plutôt l'ouvrage de son génie que celui de ses exploits personnels » (1). On doit admirer l'ordre avec lequel il administrait cet immense empire, que composaient vingt nations barbares de l'Asie et de l'Europe.

Il faut avouer qu'Attila a eu dans son sein toutes les passions violentes de l'Orient, passions d'autant plus terribles qu'elles étaient senties par un homme armé d'un pouvoir sans limite ; mais il répugne de croire qu'une intelligence aussi vaste que la sienne ait été mise au service d'une bête farouche. Le fameux surnom de fléau de Dieu que lui donnèrent les peuples terrifiés ne marque, après tout, que ses nombreux succès. Aussi s'en glorifiait-il ; aussi les Hongrois l'ont-ils compté entre les titres qui commandaient leur admiration. Ses victoires étaient sanglantes, il est vrai ; mais peut-on s'étonner des horreurs commises par les armées du cinquième siècle, quand on connaît les détails

(1) Gibbon, chap. 34.

de la guerre de Trente ans? Tous faisaient alors la guerre d'une manière odieuse, les agresseurs comme ceux qui étaient attaqués. Le seul tort des Huns et des Hongrois est d'avoir été plus braves et plus heureux que les autres peuples envahissants. Les historiens modernes, sans être favorables à Attila, reconnaissent qu'il était d'une justice parfaite, gardait la foi jurée et détestait les traîtres. « Il tenait inviolablement sa parole aux ennemis suppliants qui obtenaient leur pardon ; et les sujets d'Attila le regardaient comme un maître équitable et indulgent » (1). On nous dit qu'il se laissa fléchir par le pape Léon, et on nous représente comme un animal sauvage l'homme qui respecte la ville éternelle, et on nous dépeint comme un ramas de brigands sans discipline cette innombrable armée, qui, à la voix de son chef, rebrousse chemin et oublie les trésors de Rome!

Les historiens rapportent encore qu'après avoir eu la certitude que Théodose avait conspiré contre ses jours, Attila eut la générosité de pardonner non seulement à l'empereur, mais même aux obscurs assassins qu'il avait en son pouvoir. On doit égale-

(1) Gibbon, chap. 34.

ment reconnaître qu'il existait chez les Huns certaines maximes de droit public et même certains principes d'humanité qui ne s'accordent pas avec l'idée que nous avons d'eux. « Un barbare pouvait maltraiter, dans un moment de colère, l'esclave dont il était le maître absolu ; mais les mœurs des Huns n'admettaient pas un système d'oppression, et ils récompensaient souvent par le don de la liberté le courage et l'activité de leur captif » (1). « Les anciens Huns, dit Deguignes, n'avaient aucune connaissance de l'art d'écrire ; mais leur bonne foi était si connue, que, dans leurs traités, tout barbares que ces peuples nous paraissent, leur bonne foi suffisait » (2). Enfin, quand on lit Gibbon, en voyant d'un côté la bassesse et la lâcheté de la cour de Bysance, de l'autre la loyauté et la bravoure des Huns, il semble qu'on penche un peu pour ceux qui sont appelés « les Barbares ».

Du Buat (3), après de sérieuses études sur les

(1) Gibbon, chap. 34.

(2) *Histoire des Huns*, liv. 1. Deguignes parle ici des Huns quand ils étaient encore voisins de la Chine. Dans la suite ils connurent l'écriture. (V. p. 101.)

(3) *Histoire ancienne des peuples de l'Europe.*

Huns, entreprit de réhabiliter en quelque sorte cette nation. Il cita en entier la relation de Priscus, laquelle en effet est venue fort à propos pour arrêter l'imagination de certains écrivains. Après nous avoir donné le signalement complet d'Attila et avoir fait une figure grotesque du roi des Huns, qui, certes, n'avait rien de comique, on nous aurait probablement dépeint dans le même goût sa manière de vivre et son habitation. La relation de Priscus étonne, parce qu'on ne retrouve pas ces mêmes Huns que l'on a l'habitude de voir en scène. Aussi Du Buat l'a-t-il transcrite « pour faire connaître, dit-il, un prince et une nation trop long-temps abhorrés ». Après avoir rapporté les détails de la mort d'Attila, Du Buat ajoute : « Je ne ferai point ici l'éloge d'Attila : son histoire mieux connue le justifie assez de la férocité qu'on lui a reprochée ; et le peu que nous savons de l'intérieur de ses états n'a pas besoin d'être développé par mes réflexions pour prouver que son empire ne fut point une horde de Tartares errants, sans arts, sans mœurs et sans lois » (1).

Deguignes, qui, grâce à ses connaissances dans

(1) Chap. 21.

les langues orientales, a pu faire une histoire des Huns fort détaillée, n'ignorait pas ce que les Hongrois ont écrit au sujet de leur origine. Les Hongrois « se regardent » comme descendus des Huns, dit-il en commençant; puis il passe outre, parce que leurs historiens ne s'accordent pas toujours avec les auteurs qu'il a consultés. Ce dédain des traditions locales nous paraît fort condamnable. Il faut lire et lire beaucoup sans doute; mais, en voyant et en écoutant à propos, on s'affranchit de bien des préjugés. L'homme se préoccupe de ce qu'il a sous les yeux : il a donc besoin de changer quelquefois de point de vue. Deguignes a cru devoir s'en rapporter exclusivement aux historiens orientaux : il s'est tellement pénétré de ces écrivains, qu'il a rejeté tout ce qui ne s'accordait pas exactement avec leurs récits.

Mais, sans le vouloir, il prend la défense des chroniqueurs hongrois. Au moment de commencer l'histoire générale des Tatars, il rappelle que les premières annales d'un peuple contiennent toujours des invraisemblances et des contradictions. « Quelle est la nation dont l'histoire, si nous en exceptons les écrits de Moyse, ne commence pas par des fables » (1) ? Sans doute, les premiers historiens commettent des erreurs et des exagérations inévitables. Cependant, comme Deguignes l'a écrit ailleurs, « le témoignage le plus authentique que l'on puisse avoir sur l'origine d'une nation doit être tiré de ses archives » (2). Dégageons les traditions des peuples de ce qu'elles ont d'incroyable, comme nous retranchons des historiens ce qui s'y trouve de fabuleux, il restera, dans l'un et l'autre cas, une vérité incontestable. Si Deguignes avait fait plus de cas des traditions locales, il n'eût pas pensé que les Valaques « sont venus du Turkestan » (3). Pour connaître l'origine des Valaques, il suffit de parcourir leur pays. En examinant leur physionomie, en écoutant leur langue, en observant leurs mœurs, il n'y a personne qui ne soit convaincu que les Valaques sont d'origine romaine. La tradition, ici encore, est certaine. Demandez à chaque paysan valaque : *Ce esti tu?* il vous répondra : *Român* (4).

(1) Liv. I.

(2) Liv. XXII.

(3) Liv. VI.

(4) Le nom de *Valaque* est tout à fait inconnu du peuple auquel nous le donnons.

Au reste, Deguignes se dément en plusieurs endroits. Il rejette les historiens magyars parce qu'ils ont commis des exagérations, et il admet que les Huns et les Hongrois forment deux nations séparées. Pourtant certains passages de son histoire contredisent clairement cette opinion, et prouvent que parmi les écrivains chinois qu'il consultait il s'en trouvait plusieurs qui admettent entre les deux peuples une communauté d'origine. Ces passages donnent gain de cause à l'orientaliste hongrois Besse, lequel assure que les traditions de son pays sont confirmées par les historiens orientaux.

§ 6.

MARCHE SUIVIE PAR LES HONGROIS.

Il faudrait dire présentement d'où sont sortis les peuples hunniques. Ici les traditions hongroises se taisent. Les traditions turques, il est vrai, assurent que les Turcs et les Magyars ont eu une même patrie (1). Mais comment découvrir la patrie première d'une nation nomade? Cette question, qui ne saurait être décidée dans l'état actuel de la science, peut rester toujours sans solution. Cependant on a vu combien le désir de retrouver leur berceau préoccupe, inquiète les Hongrois. Non seulement Csoma, M. de Szemere, et un autre Sicule dont le nom m'est malheureusement échappé, ont pénétré séparément jusqu'en Perse, jusqu'au Tibet, pour re-

(1) Besse, *Grammaire turque*, avant-propos. Pesth, 1829.

chercher les traces des Hongrois; non seulement M. de Besse, malgré son âge avancé, a entrepris pour le même objet un voyage au Caucase; mais, récemment encore, M. de Reguly vient de partir pour l'Asie, où il doit rester long-temps, dans le seul espoir de jeter quelque lumière sur les origines de sa nation. Peut-être de nouveaux travaux, de nouveaux voyages, amèneront-ils quelque découverte inattendue. Remarquons seulement que ces intrépides voyageurs se dirigent tous vers l'Asie centrale.

Toutefois nous essaierons de tracer, autant qu'il est permis de le faire, l'itinéraire que les Hongrois ont suivi. Il est possible de reconnaître, de loin en loin, leur diverses stations, tantôt en consultant les historiens des nations voisines, tantôt en examinant la langue hongroise.

Les historiens chinois placent les Huns au nord de la grande muraille. « L'empire des Huns, en Tartarie, était borné du côté du midi par celui des Chinois; les guerres continuelles que ces deux peuples se sont faites ont obligé les Chinois à parler souvent des Huns » (1).

(1) Deguignes, *Hist. des Huns*, préface.

Et ailleurs :

« Les *Hiong-nou* (ou Huns), une des plus nombreuses nations de la Tartarie occidentale, erraient dans ces vastes campagnes qui sont au delà de la Chine, nourrissaient de nombreux troupeaux et habitaient sous des tentes » (1).

Les mêmes historiens montrent également près de la Chine et au milieu des Huns les Igours ou Ouigours, qui, tantôt alliés, tantôt ennemis des Huns, commencent ces dissensions que nous voyons se perpétuer jusqu'en Europe (2), car ces Ouigours sont les Hongrois : une foule d'historiens les nomment ainsi.

Il est à présumer que cette grande nation nomade, avant de se diriger vers la Chine ou de se tourner vers l'Europe, a erré dans l'Asie centrale et a porté ses tentes d'une contrée à l'autre : c'est ce qu'on peut constater par les emprunts de la langue hongroise. Ainsi, les Magyars ont dû se rapprocher de l'Inde, à en juger par certaines expressions qu'ils ont conservées. Ex. : *bálvány*, « idole » ; *vásár*, « marché » ; *anya*, « mère » ; *gát*, « digue » ; *tábor*,

(1) Liv. V.

(2) Liv. I.

« camp » ; etc. Le nom de *Buda*, si commun chez les vieux Hongrois, est indien. Plusieurs noms de lieux, comme *Sóvár*, *Pennavár*, etc., se retrouvent également dans l'Inde et en Hongrie (1).

Csoma avait trouvé des exemples d'analogie entre des mots hongrois et tibétains. Il est à jamais regrettable que ce voyageur, aussi savant que dévoué, après avoir souffert les plus cruelles privations et s'être livré pendant sa vie entière aux études les plus difficiles, ait été arrêté par la mort au moment peut-être de voir son entreprise couronnée du succès. On sait qu'il avait eu le projet de découvrir le berceau des Hongrois. Le baron Charles Hügel, qui l'avait connu à Calcutta, a publié sur lui dans l'*Observateur autrichien* un intéressant article. Il a fait connaître les idées de Csoma, qui heureusement s'était ouvert, quelques jours avant sa mort, à M. Campbell, agent anglais à Dardjilling, dans le pays de Sikkim.

Csoma découvrit dans les historiens arabes, persans et turcs, les traces d'un peuple appelé Jugur,

(1) Benkovich, *der Ungern Stamm und Sprache*. Pressburg, 1836.— Le nom de *Buda*, dans le veux hongrois, signifiait peut-être « savant », comme en sanscrit.

Ugur, Wugur, qui campait au milieu de l'Asie, et qui par ses mœurs se rapprochait des Hongrois. Il pensait, d'après ces écrivains, que le berceau de ce peuple était le Tibet. Certain de trouver à Lassa le véritable foyer de la science orientale, il avait pris le chemin de cette ville, quand il fut attaqué de la maladie qui l'emporta. Il demanda à M. Campbell si le nom de Hung, qui se trouve dans l'ouvrage du ministre anglais, avait donné lieu aux Indes à quelques recherches, et si les Hung et les Huns n'avaient pas une même origine. M. Campbell répondit que selon lui la patrie des Hung était la contrée septentrionale de l'Himalaya, et Csoma dit alors que là aussi, dans son opinion, se trouvait le berceau des Huns et des Hongrois.

On ne peut nier que les idées d'un homme qui a consumé sa vie entière à poursuivre un but ne soient d'un grand poids lorsqu'il s'agit de l'objet qui attirait toutes ses pensées. Nous croyons donc signaler un fait important quand nous disons que Csoma porta ses regards vers le Tibet pour y chercher le berceau des Hongrois.

En leur assignant cette contrée pour patrie ou pour station, on s'explique les analogies de la langue hongroise avec la langue tibétaine. De là, les

Huns et les Hongrois seraient remontés vers le nord, et auraient porté leurs tentes sur les frontières de la Chine, où nous les montrent les historiens chinois.

A partir de la Chine, nous ne sommes plus réduits à faire des conjectures : nous consultons l'histoire. Les luttes que les Huns ont eu à soutenir contre les Mongols et les Tatars sont détaillées dans l'ouvrage de Deguignes, qui les mène jusqu'en Europe. Nous y renvoyons le lecteur, quoique Deguignes ait commis de graves erreurs, selon nous, en indiquant la marche des Huns.

Pour les Hongrois, nous pouvons leur assigner une seconde station en Perse. Plusieurs historiens assurent que les Magyars s'y sont arrêtés (1). Engel lui-même le reconnaissait, comme le prouve une phrase qui a été citée plus haut. Du Buat rapporte que les rois de Perse, au cinquième et au sixième siècle, avaient des Huns dans leurs armées. Or, à cette époque, ceux que nous désignons sous le nom de Huns étaient écrasés et dispersés en Europe. Il est ici question des Hongrois. Ce qui est non moins si-

(1) V. la chronique de *Kéza*, le plus ancien des annalistes hongrois.

gnificatif que les preuves historiques, c'est que les Hongrois avaient emprunté aux Persans leurs croyances religieuses, et même jusqu'au nom par lequel ils désignaient Dieu. Il faut se rappeler la quantité de mots persans que contient la langue magyare (1). MM. de Szemere et *** ont vu en Perse des montagnes, des fleuves, qui portent des noms hongrois. D'ailleurs les Hongrois, par leur physionomie, se rapprochent des Persans plus que de tout autre peuple.

Nous retrouvons ensuite les Magyars au Caucase, où leur séjour est attesté non seulement par les traditions des peuples, ainsi qu'on peut le voir dans les notes qui suivent, mais encore par les récits de l'historien arabe Mahommed-Aiwabi-Achtachi. Les Hongrois enfin ont occupé la Scythie, puis la Lébédie, ce dont tout le monde convient, et ont paru en Pannonie.

(1) Les Hongrois ont toujours comparé leur langue aux langues orientales. Récemment encore M. Horvát (*Tudományos Gyűjtemény*, 1833, 6,[ik] 7[ik] *Kötet*. Collection scientifique de Pesth), a montré les rapports du hongrois et du turc. M. Valentin Kis (*Magyar Régiségek, Pesten*, 1839, Antiquités hongroises) a fait voir les analogies du hongrois et du persan, etc. Nous reproduirons ces idées dans un ouvrage spécial.

Si nous ne pouvons suivre les Magyars pas à pas, du moins nous est-il permis de leur assigner ces trois grandes stations : le nord de la Chine, la Perse et le Caucase.

Cet itinéraire s'accorde parfaitement avec tout ce que nous avons dit jusqu'ici.

Résumons en effet cette esquisse.

§ 7.

RÉSUMÉ GÉNÉRAL.

Nous avons recherché si les Hongrois sont venus de l'Asie du nord-ouest ou du nord de l'Europe et s'ils ont suivi à travers la Russie la route que leur assignent plusieurs écrivains ; nous avons vu que cette opinion n'était pas fondée. En outre nous avons établi ce fait qu'une tribu hongroise occupait la Transylvanie dès le cinquième siècle, fait qu'il est impossible d'expliquer si on admet que les Hongrois se rattachent à la race ouralienne.

En examinant les langues finnoise et magyare, nous avons reconnu que les racines et les mots primitifs n'avaient aucune analogie, et nous avons dit, avec Schlœzer, que ces idiomes ne s'étaient pris mutuellement qu'un nombre restreint d'expressions. Nous avons signalé entre les deux langues des rapports qui existent d'ailleurs entre plusieurs langues asiatiques ; mais nous avons vu que les caractères spéciaux de la langue hongroise, les particularités par lesquelles elle se distingue des autres idiomes, ne se retrouvent pas dans les langues finnoises. Nous avons cité l'expérience décisive de Sajnovicz, qui démontre que le hongrois et le finnois sont étrangers l'un à l'autre, car il est impossible qu'un idiome qui s'est médiocrement altéré en dix siècles ait subi une transformation complète en cinquante-six ans.

Comparant ensuite les deux races, nous avons rappelé que la race finnoise a été constamment passive et sans importance, et que le peuple hongrois est au contraire éminemment historique. Nous avons dit que la physionomie des Hongrois dénote leur origine orientale, et que la langue hongroise a le caractère poétique des langues de l'Orient. Enfin nous avons cité plusieurs expressions populaires et quelques mots primitifs qui manquent aux Finnois, et qui indiquent d'une matière certaine que les Hongrois ont dû habiter les contrées méridionales de l'Asie.

Nous croyons donc avoir démontré que les Magyars sont étrangers à la race ouralo-finnoise.

Nous avons reconnu, avec les traditions hongroises, avec les historiens hongrois, bysantins, allemands, italiens et français, que les Hongrois appartiennent à cette nation belliqueuse qui a paru en Europe, au cinquième siècle sous le nom de Huns, et au sixième sous celui d'Avars.

En étudiant dans l'histoire les mœurs et les croyances religieuses de la nation hunnique, nous avons signalé chez cette nation certains caractères communs à tous les peuples asiatiques. Il nous a semblé juste de dire qu'elle n'a pas été aussi barbare que les historiens l'ont prétendu.

Enfin nous avons recherché l'itinéraire suivi par les peuples hunniques. Nous les avons montrés aux frontières de la Chine, en Perse et au Caucase. De plus nous avons constaté, d'après Csoma, les analogies des langues hongroise et tibétaine.

Tous ces faits sont venus corroborer l'opinion que nous avions émise en examinant la langue et la physionomie des Hongrois.

Nous nous sommes donc convaincu que la nation hunnique se rattache à ce groupe nombreux de peuples nomades que les historiens orientaux appellent indistinctement Turcs, c'est-à-dire Emigrants, et qui errèrent long-temps dans l'Asie centrale :

peuples qui furent refoulés par la race mongolique, se jetèrent en partie sur l'Europe, en partie sur l'Asie occidentale, et dont les plus fameux sont aujourd'hui les Afghans, les Persans, les Tcherkesses et les Ottomans.

Nous sommes confirmé dans cette pensée lorsque nous comparons les dates des invasions hunniques avec celles des invasions ottomanes. Ces migrations, qui suivent des voies différentes, sont motivées par la même cause, l'irruption des Mongols. Ceux-ci apparaissent derrière les Hongrois et viennent porter l'effroi, au treizième siècle, jusque dans l'Europe orientale.

Il reste à étudier l'histoire des peuples hunniques dès leur séjour en Asie, en les séparant des autres peuples nomades, à montrer leurs principaux établissements, et à rechercher les détails et les résultats de leurs invasions diverses. C'est une lacune que nous tenterons un jour de remplir.

NOTES.

Page 15. — Ces Hongrois se seront peut-être fondus avec les Tatars, auxquels, d'après le manuscrit de Vatican, ils étaient déjà réunis au treizième siècle. Peut-être aussi auront-ils marché vers le Caucase, où se trouvent aujourd'hui encore des Magyars.

Un Hongrois, M. Jean-Charles de Besse, a parcouru, en 1829 et en 1830, le Caucase, pour y chercher les traces des Magyars. Il y a trouvé des tribus entières composées d'hommes qui se donnaient eux-mêmes pour Magyars, et qui le virent avec la plus grande joie en apprenant qu'il était un de ces Hongrois établis près du Danube. Les hommes des autres tribus lui ont assuré que la tradition universellement racontée dans le Caucase était que les Magyars avaient autrefois possédé ce pays. M. de Besse a retrouvé en outre une quantité de mots hongrois qui désignent encore les fleuves, les montagnes, et même des noms propres portés aujourd'hui encore par des familles hongroises. (V. le chap. 10.)

Comme un grand nombre d'écrivains allemands, et Klaproth entre autres, ont nié que les Hongrois aient dominé dans le Caucase, et comme cette domination est attestée par les traditions hongroises que j'ai souvent mentionnées, je ne pense pas qu'il soit inutile de citer les passages suivants du livre que M. de Besse a publié lui-même en français (1). Ce voyageur connaissait non seulement toutes les langues d'Europe, mais même les langues orientales; et il a été à même de recueillir les traditions locales et de consulter les Européens des diverses nations qu'il a rencontrées.

« Pour passer du Khersonnèse en Crimée, je pris ma route à travers les Steppes, au lieu de courir la poste sur le grand chemin ..... Comme il ne fallait plus penser ni à une auberge ni à un abri quelconque, je me couchai tranquillement au milieu de la cour, ouverte à tous les vents. Mon Tatare, voyant mon embarras, m'engagea à remonter dans son *madjar,* ajoutant que je n'avais rien à risquer, et que je pourrais m'y reposer en toute sûreté.

» Je fus bien surpris d'entendre proférer le mot *madjar* par la bouche d'un Tatare; mais je le fus bien plus encore quand Méhémet (c'était le nom de mon cocher) me raconta que depuis le passage des Magyars par la Cri-

(1) *Voyage en Crimée, au Caucase, en Géorgie, en Arménie, en Asie mineure et à Constantinople, en 1829 et 1830, pour servir à l'histoire de Hongrie, par Jean-Charles de Besse.* Paris, Delaunay, Palais-Royal. Marseille, Senés, éditeur.

mée, à l'époque de leur émigration, suivant la tradition qui règne parmi les Tatares, cette sorte de chariot conservait le nom qui lui avait été donné par les Magyars, lesquels avaient de semblables chariots où ils plaçaient leurs femmes, leurs enfants, et leurs effets indispensables pour un long voyage. En effet, ces chariots sont très commodes dans leur genre; ils ont neuf à dix pieds de longueur, etc. (1).

» Profitant de la présence des vieillards et du mollah, je les questionnai sur ce qu'ils savaient par tradition au sujet des Magyars; ils me répondirent qu'ils avaient appris des anciens de la peuplade que les Magyars avaient passé par la Crimée en venant du côté de la mer d'Azow, et qu'ils s'étaient dirigés vers le *Duna* (c'est ainsi qu'ils appellent le Danube), mais qu'ils n'en savaient pas davantage (2).

» Il paraît que les traditions se perpétuent chez les peuples qui n'ont ni livres ni monuments, et que par conséquent leurs entretiens, pendant l'hiver, ne roulent que sur des récits vrais ou fabuleux des anciens de la famille. C'est ainsi que ces Tatares m'ont diverti en racontant des traditions au sujet du passage des Magyars. Notre petit cercle fut bientôt augmenté par l'arrivée du mollah du lieu, qui me confirma tout ce que ses compatriotes venaient de me raconter. Ce mollah, qui connaissait bien le turc, me dit avoir lu aussi l'histoire turque, renfermant

(1) Page 27.

(2) Page 29. — Les Hongrois appellent aussi le Danube *Duna*.

entre autres des renseignements détaillés sur la domination des Magyars; qu'il avait souvent entendu répéter, dans son village, que les Magyars avaient dominé le long de la mer d'Azow; qu'après avoir traversé la Crimée, ils s'étaient dirigés vers l'ouest et avaient conquis un grand pays sur le Duna, mais qu'on ignorait ce qu'ils étaient devenus depuis (1).

» A l'approche de l'expédition, les habitants des montagnes voisines (Besse se dirige vers l'Elbrouz avec une colonne russe), alarmés à la vue des troupes, envoyèrent des députés pour connaître le but de cet appareil militaire. Les premiers qui se présentèrent étaient les Karatchaï, suivis de leur mollah; ils eurent bientôt lieu de se tranquilliser par la manière affable, amicale et rassurante, du général en chef. Ces députés ne nous quittèrent plus, se contentant de renvoyer le mollah pour rassurer leurs commettants, et ils nous accompagnèrent jusqu'aux limites de leur territoire.

» Je m'entretenais avec eux en présence de l'interprète de l'expédition, qui parlait le turc et le russe, quoique tcherkesse de nation. Je ne fus pas peu surpris de la joie qu'ils firent éclater en apprenant que j'étais magyar, et que mon but était de chercher le berceau de mes ancêtres; mais je le fus bien davantage de les entendre protester qu'ils étaient aussi de la race des anciens Magyars, qui jadis avaient occupé, suivant la tradition de leur pays, les terres fertiles depuis l'Azow jusqu'à Derbend. Ils ajou-

(1) Page 32.

tèrent que leur nation avait demeuré au delà du Kouban, dans les steppes occupées aujourd'hui par les Cosaques de la mer Noire; que dans ces temps-là ils avaient pour voisin un peuple puissant qui les opprimait, et exigeait d'eux un tribut, consistant en une vache blanche à tête noire; ou, à défaut de cela, ils devaient lui fournir trois vaches ordinaires par chaque famille; qu'étant excédés des exactions de leurs voisins, ils résolurent de passer sur la rive gauche du Kouban et de se retirer dans des montagnes inaccessibles, afin d'y vivre dans l'indépendance; qu'enfin ils étaient venus s'établir dans leurs demeures actuelles, sous la conduite d'un chef nommé Karatchaï, dont toute la peuplade prit le nom, qu'elle a gardé jusqu'à ce jour, quoique la famille Karatchaï soit déjà éteinte. Ils dirent ensuite qu'à la distance de trois journées de notre camp, il y avait cinq villages ou peuplades qui sont également de la souche des Magyars : ce sont les Orouspié, Bizinghi, Khouliam, Balkar et Dougour; que ces peuplades parlaient une langue toute différente que celle des autres habitants du Caucase; qu'elles demeuraient sur les montagnes les plus élevées, et qu'elles communiquaient avec leurs voisins les Ossètes et les Emérétiens.

» Dans nos conversations avec les Karatchaï, croyant leur faire plaisir, je leur dis qu'il existait en Hongrie une famille qui portait le même nom; qu'un général Karatchaï avait servi dans l'armée de l'empereur d'Autriche, notre roi actuel, et qu'il est probable que cette famille hongroise était alliée par le sang avec leur ancien chef Karatchaï. A ces paroles, je remarquai qu'ils se regardèrent entre eux avec un air inquiet, et ils me quittèrent brusquement sans prendre congé de la compagnie; ce ne fut qu'au bout de quelques heures que j'appris le sujet de leur alarme.

» L'interprète du général en chef, qui avait assisté à nos conversations, alla lui dire que les Karatchaï, en sortant de mon kibitka, s'étaient mis à délibérer entre eux, donnant des marques d'une vive inquiétude; que, pour savoir le sujet de leurs gesticulations et de leurs chuchotements, il vint à eux et apprit bientôt que leurs débats roulaient sur la crainte que leur inspirait mon arrivée si près de leur territoire; que, d'après ce que j'avais dit, mon but ne pouvait être autre que de réclamer l'héritage de la famille Karatchaï pour les Karatchaï de Hongrie. L'interprète ajouta que mes discours avaient fait naître des soupçons chez les députés, et qu'il était nécessaire de les désabuser.

» Le général, que ce récit amusa beaucoup, me pria de ne plus leur parler à ce sujet, mais de tâcher de les tirer de leur erreur (1); ce que je fis quelques moments après en leur rendant une visite dans leur tente. Ils parurent être très satisfaits de la tournure que je donnai à mes paroles précédentes, ainsi que de mes démonstrations d'amitié pour eux, puisque une heure après ils me firent une seconde visite, et, en prenant tranquillement leur tchaï, ils protestèrent de nouveau qu'ils étaient mes compatriotes, et dès ce moment ils ne cessèrent de m'appeler

(1) « Cette crainte de la part de ces Magyars prouve évidemment leur origine magyare, comme on le verra également par de nombreuses citations contenues dans cet ouvrage. »

Kardache, me serrant la main toutes les fois qu'ils me rencontraient.

» C'est à cette occasion que le chef des Orouspié, Murza-Khoul, que les Russes appellent *Knjés* ou prince, vieillard vert et robuste malgré son âge avancé, me raconta l'anecdote suivante, qu'il dit avoir entendu raconter par son père et par plusieurs des anciens de sa tribu, et qu'ils redisaient cette anecdote toutes les fois qu'ils parlaient de leurs ancêtres les Magyars, qui avaient dominé, répéta-t-il encore, sur le pays depuis la Kouma jusqu'à la mer Caspienne, et dans la partie septentrionale et occidentale du Caucase jusqu'à la mer Noire.

Anecdote fabuleuse d'un prince magyar.

« Il existait jadis, dit Murza-Khoul, un jeune Magyar, » fils du chef qui gouvernait les pays situés vers la mer » Noire; il s'appelait Tuma-Marien-Khan. Ce jeune » homme aimait la chasse avec passion. Un jour, se li- » vrant à ce plaisir dans la compagnie de quarante jeunes » gens, et poursuivant le gibier jusqu'au bord de la mer, » il aperçut, à quelque distance, un petit navire élégam- » ment pavoisé et orné de banderoles flottant au gré du » vent. Le navire, poussé vers la côte par une légère bri- » se, s'approchait insensiblement, et Tuma-Marien, de » son côté, se dirigea avec ses compagnons vers le riva- » ge; mais quelle fut leur surprise de voir sur le pont des » femmes seules, vêtues de riches robes, et demandant » du secours par des signes suppliants. Le jeune prince » ordonna aussitôt d'attacher le bout d'une corde à une

» flèche, qu'on décocha si heureusement, qu'elle tomba » aux pieds des femmes, qui, saisissant la corde avec em- » pressement, l'attachèrent par un bout au frêle mât de » leur navire, tandis que, par l'autre bout, les chasseurs » le tirèrent à terre dans un instant.

» Le prince aida à descendre l'une des jeunes filles, » pour laquelle ses compagnes paraissaient avoir beau- » coup de respect; il la regarda avec admiration sans » pouvoir proférer une parole, tant fut grande l'impres- » sion que la beauté extraordinaire de la jeune étrangère » fit sur son cœur. Cependant, revenu de sa surprise, il » la conduisit, ainsi que ses compagnes, à la résidence » de son père, qui, ayant appris la haute naissance et » l'histoire de la jeune personne, consentit au mariage » de son fils avec elle.

» Voici l'histoire étonnante de cette jeune étrangère : » elle se nommait Alémélie; elle était fille de l'empereur » grec qui régnait alors à Bysance. Ce monarque, d'un » caractère bizarre, fit élever sa fille unique dans une île » de la mer de Marmara (1), sous la surveillance d'une » matrone; il la fit accompagner par quatorze jeunes fil- » les pour la servir, en défendant sévèrement à la duègne

(1) « En effet, à l'entrée de la mer de Marmara, entre Scutari et le Seraï-Bouroun (sérail du grand seigneur), on voit un îlot, avec un château appelé par les Européens la Tour de Léandre. Cette tour existe encore aujourd'hui; elle est appelée par les Turcs Kiz-Kouléh, la Tour des filles. Dernièrement on y a établi un hôpital pour les pestiférés confiés aux soins du docteur Boulard. »

» de laisser jamais approcher de sa fille un homme quel » qu'il fût.

» La princesse croissait en beauté et revêtait chaque » jour des charmes inexprimables ; et à ce charme elle » joignait encore une innocence et une douceur qui la » faisaient adorer de ses compagnes d'exil.

» Un jour, la princesse s'étant endormie sur son di- » van, les croisées ouvertes, les rayons du soleil, plus » brillants ce jour-là que jamais, qui arrivaient jusqu'à » elle, produisirent le merveilleux effet de la rendre encein- » te. Sa grossesse ne pouvait rester long-temps cachée aux » yeux de l'empereur, son père : il devint furieux de cet » outrage fait à son honneur. Pour dérober à l'empire la » connaissance d'un événement flétrissant qui aurait pesé » sur sa famille impériale, il prit la détermination de » soustraire sa fille à la vue de tout le monde, en la ban- » nissant de son empire. Pour cet effet, il fit construire » un petit navire, le chargea d'or et de diamants, et y fit » embarquer sa fille, ses süivantes et sa duègne, aban- » donnant ainsi ces innocentes créatures aux caprices des » vents et aux périls de la mer. Toutefois, cette mer, » ordinairement si en courroux contre ceux qui osent » troubler ses eaux, respecta la princesse, et un vent » léger poussa le navire vers la côte hospitalière des » Magyars.

» La princesse ne tarda pas d'accoucher d'un prince, » et donna par la suite à son époux Tuma-Marien-Khan » deux autres fils. Après la mort de son père, le jeune » prince lui succéda et vécut heureux. Il fit élever le pre- » mier né des deux fils qu'il eut de la princesse Alémélie

» sous sa surveillance paternelle. Avant de mourir, il » leur recommanda l'union et la paix; mais ceux-ci, de- » venus leurs maîtres après la mort de leur père, se dis- » putèrent la succession et allumèrent la guerre civile. Ce » fut cette discorde intestine entre les Magyars qui amena » la ruine et la dispersion de leur nation, jadis libre et » puissante, dont, ajouta en soupirant le narrateur, il » ne reste parmi nous que le souvenir de leur grandeur » passée, souvenir que nous conservons au milieu des » rochers où nous avons fixé notre retraite pour mainte- » nir notre indépendance, seul héritage de nos pères, et » pour laquelle nous sommes toujours prêts à mourir, » ainsi que nos enfants. »

» C'est ainsi que cet intéressant vieillard termina sa narration, qui fut accompagnée de gestes assortis à son sujet. Quoique je ne comprisse que faiblement ses paroles, j'écoutais avec un plaisir tout particulier son récit, à mesure que l'interprète me le rendait en turc. Murza-Khoul narrait avec facilité et avec une vivacité qui charmait ses auditeurs. Pour moi, je ne saurais exprimer quelles étaient mes sensations en écoutant ce prince, devenu, dès ce moment, l'objet de mes attentions particulières. Cet aimable vieillard ne nous quitta plus jusqu'à l'Elbrouz.

» Les Karatchaï, ayant à leur tête leur *vali* (1) Jolam-Kérym-Chowhali, accompagnaient également l'expédi-

(1) « Vali, ou prince, titre exclusivement attribué au chef des Karatchaï. »

tion. Tous ces hommes étaient proprement vêtus à la manière des Tcherkesses, dont le costume a été adopté non seulement par tous les habitants du Caucase, mais encore par les officiers cosaques de la ligne. Ils montent à cheval parfaitement et manient leurs chevaux avec dextérité, on peut dire même avec grâce; ils sont très agiles et excellents tireurs.

» Ce peuple se distingue par sa bonne tenue, sa physionomie expressive, par de beaux traits et une taille élancée. J'ai remarqué que, sous ce rapport, aucune nation ne ressemble autant aux Hongrois que les Karatchaï et les Dougours, que j'ai vus plus tard sur le Naltchik, et dont il sera fait mention ci-après. Leur langue est celle des Tatars, et leur religion celle de Mahomet, qu'ils professent suivant leur bon plaisir, excepté les jeûnes, qu'ils observent scrupuleusement. Je pense qu'il ne serait pas difficile de faire des prosélytes parmi eux.

» La pluralité des femmes est permise, mais ils ont rarement plus d'une épouse. Ils passent pour être bons maris et bons pères. Du reste, on ne doit pas les regarder comme des demi-barbares : car ils montrent beaucoup d'intelligence, cultivent les arts introduits chez eux, et ne paraissent s'étonner de rien. J'ai remarqué que les hommes ont les pieds petits et bien proportionnés, ce qui doit être attribué à leurs chaussures légères sans semelle et à leur habitude de marcher peu et d'être presque toujours à cheval » (1).

(1) Page 66 et suiv.

... Nous retrouvons Murza-Khoul au moment où l'expédition à laquelle notre voyageur s'est réuni exécute l'ascension de l'Elbrouz. Dans les instants où Besse s'arrête pour reprendre haleine (il avait plus de soixante-cinq ans quand il entreprit son courageux voyage), Murza-Khoul l'encourage en lui disant qu'il est hongrois. Cette fierté nationale que l'on remarque en Hongrie, chez les Magyars de toute condition, se retrouve chez ceux du Caucase. « Chacun, muni d'un bâton ferré pour lui servir d'appui, se portait à pas lents en avant. Murza-Khoul était en tête de la colonne, le général derrière lui, et moi, appuyé sur mon sabre, je les suivais immédiatement. A chaque dixième pas il fallait nous arrêter pour prendre haleine. Murza-Khoul, cet aimable vieillard, pour nous animer, s'écriait de temps en temps : « Hajde, » Magyar! haide »! c'est-à-dire : En avant, Magyars! courage! Et il ajouta avec emphase : « *Kardache* (mon frère), souvenez-vous que jamais les Magyars ne sont restés en arrière » (1).

.... L'expédition se dirige ensuite vers le pays occupé par les Abazes, au nord-ouest du Caucase. On dresse le camp sur les bords du Kouban, et on se livre à des explorations que Besse mentionne en détail. « En retournant à notre camp, continue-t-il, nous trouvâmes sur notre route, près du Kouban, une carrière d'albâtre de la plus belle blancheur, et presqu'à la surface du sol; plus loin, nous en trouvâmes encore dans une petite mon-

(1) Page 91.

tagne, qui paraissait en contenir une grande quantité. Le major qui commandait la redoute voisine, et qui nous avait accompagnés au Pont de pierre, indiqua encore d'autres endroits, où il avait depuis peu découvert de riches carrières d'albâtre. Cet officier, né Tcherkesse, d'un teint fort basané, avait été élevé pour le service de l'armée; il nous assura que, se trouvant encore dans la maison paternelle chez les Tcherkesses, il avait maintes fois entendu répéter que les Magyars ou Ugors avaient autrefois dominé dans le Caucase, et que cette tradition était générale parmi les habitants de ces montagnes » (1).

... Au retour, lorsque l'expédition s'éloigne de l'Elbrouz, elle campe près de la rivière Tarkatche. « Nous fûmes bientôt joints dans notre camp par Beslin-Taganow, prince tatare-nogaï, issu d'une très ancienne famille: il est jeune, bien fait, et il nous surprit par sa contenance noble et ses manières aisées. Je remarquai que, parmi les autres chefs qui nous accompagnaient, ce jeune homme avait les traits du visage les plus ressemblants aux Hongrois. Il me raconta au sujet des Magyars ce que les Ouzdens avaient si souvent répété, c'est-à-dire que les peuples du Caucase septentrional sont persuadés, suivant leurs traditions, qu'ils descendent tous des Magyars qui avaient dominé dans ces pays; et ce jeune prince se glorifiait d'être né dans une famille qui tenait à la même souche. Il ajouta que le bruit s'était répandu chez eux qu'un Magyar était arrivé au Caucase pour visiter ses

(1) P. 113.

frères (ce sont ses propres expressions), et que cette nouvelle leur avait fait beaucoup de plaisir » (1).

... Ailleurs Besse va visiter M. Petterson, de la mission écossaise à Karas, lequel lui lit « quelques fragments de sa correspondance avec la mission écossaise à Saint-Pétersbourg, relativement à quelques peuples du Caucase septentrional ». M. Petterson pense que les Karatchaï, les Balkar, les Bizinghi, etc., sont les descendants des Magyars, et raconte une tradition fabuleuse sur la fameuse ville de Magyari (2).

.... Enfin, se trouvant à Tiflis, Besse se met en rapport avec quelques députés des Avars et des Lesghis, qui lui rapportent « qu'on connaît parfaitement la demeure des Magyars qui occupent les hautes montagnes du Caucase, et que chez eux la tradition est connue suivant laquelle ce peuple avait été autrefois maître de tous les pays au delà du Caucase, entre la mer Noire et la mer Caspienne » (3).

Ainsi donc, voilà les traditions hongroises appuyées par celles de tous les peuples du Caucase, à quelque nation qu'ils appartiennent, et par l'opinion des Européens résidant dans le pays. Voilà des faits qui contredisent puissamment les assertions de Klaproth, sur lequel on s'est beaucoup appuyé. « Je ne sais pourquoi M. Klaproth, malgré l'opinion de plusieurs historiens russes, est si obstiné à nier l'ancienne domination des Magyars dans

(1) P. 122.
(2) P. 142.
(3) P. 339.

la partie septentrionale du Caucase. En citant Derbend-Naméh, il ne produit que les passages qui conviennent à son but, sans faire mention de ceux qui détruisent ses fausses observations » (1).

Et maintenant, après avoir entendu les peuples du Caucase qui ne sont pas Hongrois, il faut écouter les cinq tribus qui, avec les Karatchaï, descendent des Magyars. Besse les met en scène fort souvent ; il montre quelle ardente affection ils ont gardée à leurs pères, et combien est fort le sentiment de nationalité qui les anime. Ils s'inquiètent de la position de la Hongrie, de sa distance, car ils expriment le vif désir d'aller voir leurs frères. Ils font promettre à Besse d'envoyer l'année suivante deux Hongrois en costume national, afin que ce costume puisse être adopté par les tribus magyares du Caucase. Ils racontent toutes les traditions qu'ils ont soigneusement gardées sur leurs glorieux ancêtres. De son côté, Besse les examine avec attention. Il trouve que dans leur taille, leurs gestes, leur regard, le jeu de leur physionomie, par tous ces caractères enfin qui constituent la manière d'être d'une nation, les hommes de ces tribus, qui se donnent pour Magyars, et sont regardés comme Magyars par tous les habitants du Caucase, ressemblent en effet d'une manière frappante aux Magyars de la Hongrie. Les citations seraient ici trop longues. Je renvoie le lecteur à l'ouvrage de Besse, qui est d'ailleurs intéressant, et spécialement au chapitre 23, où il parle en détail des Dougours, une des cinq tribus magyares.

(1) Page 151.

Page 45. — Pour démontrer grammaticalement que deux langues sont sœurs, il faut faire voir dans ces deux langues non pas quelques similitudes et quelques terminaisons semblables plus ou moins défigurées, mais les mêmes racines, les mêmes caractères, les mêmes originalités, le même génie.

Personne ne s'avisera de dire que nous sommes Magyars; pourtant il y a dans les langues hongroise et française plusieurs mots qui ont une certaine similitude. Par exemple :

ki	signifie	*qui*
ut (prononcez *oute*)		*route*
ők (prononcez *euk*)		*eux*
fi (1)		*fils*
tanya		*tanière*
sohaitani		soupirer, *souhaiter*
tiz		*dix*
ár		prix, *arrhes*, *arrha*, αρραβων

Evidemment tout ces mots sont originaux dans les deux langues. On ne peut les confondre avec ceux que les Hongrois nous ont empruntés, et qui tous désignent des objets venus de France, comme *médaille*, *parasol*, *chemisette*, *pantalon*, *salon*, *canapé*, etc. Car ces mots, qui font maintenant partie de la langue hongroise, n'ont pas changé. Les Hongrois les ont adoptés sans leur don-

(1) Correspondant au *wicz* slave.

ner une tournure magyare : la différence ne consiste que dans l'orthographe.

Comment des langues si diverses ont-elles quelques mots à peu près semblables ? Cela vient, comme nous l'avons dit, de ce qu'il existe entre toutes les langues comme entre toutes les races une fraternité incontestable. En outre, il peut exister des ressemblances fortuites. Les Grecs disaient δέκα, les Latins *decem*, et nous disons *dix*. C'est par hasard que le mot latin, devenu français, s'est rapproché du hongrois *tiz*. Je dépasserais le nombre de Schlœzer si je voulais reproduire, comme Sajnovicz, les mots hongrois et français qui ont par hasard une syllabe semblable comme

a*dok* je *do*nne
asz*tal* *ta*ble
*mar*ni *mord*re
etc. etc.

On peut montrer des centaines d'exemples pareils qui ne prouvent qu'un seul fait : c'est que le hasard produit souvent des résultats dont on s'efforce de retrouver les causes en dépensant plus ou moins d'érudition.

Puisque je parle des rapports qui existent entre le français et le hongrois, je ferai remarquer que ces langues ont une analogie très grande en un point : c'est qu'elles se composent des mêmes sons. Les sons les plus originaux de la langue hongroise, qui la rendent si difficile pour les autres étrangers, se retrouvent dans la nôtre.

gy a le son de *di* (dans *Dieu*)
ly *ll* mouillées

ny	*gn*
ő	*eu*
s	*ch*
ty	*ti* (dans *pitié*)
ű	*u*
zs	*j*

Plusieurs de ces sons manquent à l'allemand, à l'anglais, à l'espagnol ou à l'italien. Les Hongrois ont en outre un son particulier : ils prononcent l'*a* entre l'*a* et l'*o*. Ce son, quoiqu'il nous soit étranger, ne nous est cependant pas inconnu. Le peuple de Paris dans une foule de cas prononce l'*a* de cette manière (1). Il est fort singulier que le hongrois, langue primitive apportée de l'Asie, ait cette analogie avec une langue occidentale et mélangée comme la nôtre. Le hongrois est la seule langue étrangère que nous puissions prononcer hardiment. Cette circonstance que les deux langues se composent, pour ainsi dire, des mêmes sons, fait qu'une foule de mots se prononcent d'une manière semblable sans avoir, il est vrai, la même signification. V. p. 36.

Certains écrivains ont fourni des armes aux ennemis de la philologie en montrant combien cette science peut s'égarer si elle n'est guidée par la réflexion. Ils supputaient le nombre de mots que les Hongrois ont empruntés aux Allemands, et, remarquant que *ház*, par exemple, qui signifie « maison », se rapproche de l'allemand *haus*, ils en concluaient que c'était un mot allemand devenu

(1) Les Hongrois ont de plus le *cs* ou *ts*, qui se prononce *tch*, et le *cz* ou *tc*, qui se prononce *tç*.

hongrois. Vainement leur répondait-on que les Magyars avaient bâti au Caucase la ville de Kizylar, dont les maisons, suivant les historiens arabes, étaient d'une blancheur éblouissante, et que par conséquent ils devaient posséder le mot *ház* pour les désigner. Les philologues s'en tenaient à la ressemblance du mot, sans rien écouter. Il fallut qu'un Hongrois orientaliste expliquât que le mot *ház* venait du persan *hazed*.

Voici encore un exemple qui montre qu'il peut exister des ressemblances de mots produites par le hasard seul. Il y a en Hongrie une petite ville nommé *Kots* où ont été fabriquées dans l'origine certaines voitures fort légères dont on se sert dans le pays. On les a appelées *kotsi* parce qu'elles venaient de Kots. De là on a nommé *kotsis* celui qui conduisait ces voitures. *Kotsis* (prononcez *kotchich*) signifie donc *cocher*. Qui ne serait tenté de faire dériver ce mot du français, ou de l'allemand *Kutscher?*

Page 59. « Disons enfin que dans les vers affectionnés et répétés par le peuple, en Hongrie, il est souvent parlé de la beauté physique, etc.... »

Voici entre autres un petit poëme bien répandu, dont je ne puis préciser l'époque, mais qui remonte au temps où les Hongrois guerroyaient contre les Turcs. L'auteur exalte avec une admiration naïve toutes les qualités, mais surtout la beauté de sa nation.

La nation magyare.

La nation magyare est superbe : elle l'emporte sur beaucoup d'autres.

Cela a toujours été vrai, et sera toujours vrai.
Si tu cherches une belle nation, celle-là l'est assez.
Son élite est la garde hongroise, la plus belle de toutes les gardes.
Je suis sûr que tu es de mon avis?... Je ne m'étonne pas,
Car des beaux Magyars chaque peuple a la même opinion.
—Tour de Saint-Etienne, sois mon témoin et dis mieux que moi!
Ou plutôt réfute-moi si je ne dis vrai.
Le jour de Saint-Etienne, combien de nations, combien de religions voyais-tu réunies?
N'avaient-elles pas toutes une même voix sur les beaux Magyars?
Ce jour-là, comme à l'ordinaire, le roi a paru :
Est apparue aussi la garde hongroise,
Qui a formé une troupe exposée à l'admiration.
La voiture du roi était magnifique (1),
On voyait encore d'autres carrosses dorés;
Mais toute cette pompe était bien inutile,
Car là où il a des Magyars, il n'y a plus rien à regarder.
Le peuple de Vienne ne pouvait assez contempler, admirer le Magyar.
Qui surpassait tous les autres par sa beauté.
Oh! que j'étais content de le voir louer! car j'aimerais mieux mourir
Que d'entendre sur lui une parole de blâme.
Ce qu'il y a de beau dans le Magyar,
C'est que, quand tous les spectateurs l'admirent,
Il ne s'étonne pas, il ne regarde pas autour de lui,
Mais il redresse sa taille et lève la tête.
De là bien des gens pensent qu'il est fier
Quand au contraire ceci est une marque de ses belles qualités.
Chez lui ce n'est pas fierté, c'est caractère national.

Sans contredit le Magyar est aussi beau à cheval qu'à pied,
Dans sa *mente* de croisé coupé à sa taille,

(1) Il y a dans le texte hongrois *gyöngy kotsi*, « voiture-perle. »

Dans tout son costume, qui est national,
Le *kalpag*, la ceinture, la plume de héron, la sabretache, ce qui lui va si bien!
Qu'il est beau quand il cingle sa ceinture sur son dolman!
Il faut admirer tout son costume.
Et quand ils sautent à bas de leurs chevaux,
On croirait que chacun d'eux est une fleur.
Qu'ils sont beaux aussi quand ils marchent en rang!
On le sait mieux que je ne puis le dire.
Leur moindre mouvement, comme il est d'aplomb!...
Ce n'est donc pas étonnant qu'ils enlèvent beaucoup de cœurs tendres.
Tout leur corps est d'une harmonie parfaite,
De sorte qu'on le prendrait pour un chef d'œuvre de la nature.

La danse des Magyars plaît aussi à bien du monde,
Parce que gaîment s'agitent chaque membre, chaque fibre et chaque veine.
On peut appeler noble la danse de cette nation,
Car dans aucune autre on ne voit des mouvements plus entraînants.

Je voudrais rendre le ton digne et en même temps naïf du poëte populaire. Ces vers, qui paraîtront insignifiants à la plupart des lecteurs, frapperont peut-être ceux qui connaissent la Hongrie et qui savent avec quelle gravité les paysans hongrois parlent d'ordinaire. Ce sont de ces choses qu'il faut entendre, et non lire : encore moins faut-il les juger d'après une mauvaise traduction.

Le poëte parle encore de la bravoure des Magyars, de leur désintéressement, de leur fidélité, de leur ardeur dans l'amour; puis il ajoute :

« J'avoue qu'il y a beaucoup de belles langues;
Mais l'élégante langue magyare se distingue entre toutes.

Si c'est la beauté qui classe les langues,
Je suis sûr qu'elles viennent toutes après la langue magyare.
Le scrutateur n'y trouvera pas ces vilains défauts
Que les autres langues peuvent se reprocher.
Les seigneurs allemands ne comprennent pas le peuple.
En Hongrie, tout le monde a la même langue :
Pauvres et riches, petits et grands, tous se comprennent;
Ce n'est pas là que la langue change à chaque mille.

Ici le poëte revient encore à son idée favorite, la beauté. Cette fois il s'agit des Hongroises. Il va sans dire qu'il les trouve sérieusement les plus belles femmes du monde. Il les félicite surtout d'avoir repris la coiffure nationale :

Qu'elles sont belles surtout, depuis qu'elles ne méprisent plus leurs bonnets !
Depuis qu'elles ne chargent plus leur tête de ces citadelles de gaze !

Ce qui fait penser qu'il écrivait au siècle dernier, dans un de ces moments de réaction où la noblesse hongroise s'éloignait de la cour de Vienne et reprenait les mœurs nationales. Le poëte vante ensuite la force des Magyars, cette force qui leur est si précieuse dans la guerre où ni le hurlement du Turc ni l'éclat de cent mille lances ne peuvent l'intimider. Sa force et sa bravoure en font un ennemi terrible ; de là vient que

Si on fait la guerre avec les Magyars,
L'ennemi craint d'avance sa défaite.
On n'a qu'à se figurer un brave Magyar avec ses grandes moustaches,
Pour avoir le portrait d'un héros.

Page 126. — Csoma avait découvert des exemples d'analogie entre des mots hongrois et tibétains. Il est à jamais regrettable que ce voyageur, aussi savant que dévoué, après avoir souffert les plus cruelles privations et s'être livré pendant sa vie entière aux études les plus difficiles, ait été arrêté par la mort au moment peut-être de voir son entreprise couronnée du succès.

J'extrais les lignes suivantes d'un journal hongrois qui a reproduit et complété les détails que le baron Hügel a donnés dans l'*Observateur autrichien* :

« Dardjilling, où est mort Csoma de Kőrős, est une ville peu connue du pays de Sikkim qui se trouve dans les vallées méridionales de l'Himalaya. Ce pays a environ huit milles allemands de longueur et douze milles de largeur. Il est entouré par le Bengale, le Népaul, le Boutan, et au nord par le Tibet, dont il est séparé par les Alpes de Khawa Karpola, et ne contient que deux villes, Sikkim et Dardjilling. Les habitants suivent en grande partie la religion de Buddha. Le roi, qui dans la langue du pays se nomme *gielpo*, habite Sikkim et s'est placé sous la protection des Anglais. Dans la guerre que la Grande-Bretagne fit au Népaul de 1814 à 1816, le roi de Sikkim fut son fidèle allié : le royaume du *gielpo* fut agrandi par les Anglais, qui espéraient soumettre plus facilement le Népaul. Depuis ce temps Sikkim est toujours en rapport avec le gouvernement anglais des Indes orientales. Ce pays est aussi en relation avec Lassa, où réside un gouverneur chinois, et des ambassades, dont les Anglais savent profiter, vont fréquemment d'un pays à l'autre.

» Pendant la guerre contre la Chine, l'intérêt des Anglais voulut que les liens qui attachaient Sikkim à leur empire des Indes fussent encore resserrés. C'est pourquoi ils établirent à Dardjilling un agent et une faible garnison. Cet agent, qui se nommait Campbell, fut témoin de la mort de Csoma et lui rendit les derniers honneurs. Csoma arriva à Dardjilling le 24 mars : il voulait y séjourner jusqu'à ce qu'il pût être présenté au *gielpo* de Sikkim, par la recommandation duquel il espérait passer à Lassa. Il comptait trouver dans cette ville d'importants ouvrages, capables de lui donner des renseignements précieux sur l'origine des Hongrois. Ce but qu'il a poursuivi pendant sa vie entière, et qui lui a fait quitter son pays, était constamment l'objet de ses pensées. Il espérait que l'affinité des langues l'aiderait à découvrir la patrie première de sa nation.

» ... Csoma de Körös avait voué une grande partie de sa vie à l'étude de la langue tibétaine, parce qu'il espérait trouver dans les chroniques de cette langue quelques éclaircissements sur l'origine des Hongrois. La circonstance qu'il découvrit plusieurs mots tibétains qui avaient de l'analogie avec des mots hongrois le confirmait dans son hypothèse. Il avait raison de croire qu'il trouverait à Lassa, capitale du Tibet, et patrie du Lama, représentant de la Divinité, le foyer de la science de ce pays, dont il n'avait pu voir que des fragments dans le Ladak et le Kaman.... M. Campbell, à qui Csoma fit part de son projet, espéra qu'en présentant au *gielpo* notre voyageur, qui ne s'était jamais mêlé d'aucune affaire politique ou religieuse, il lui serait facile d'arriver au but de ses efforts. Il envoya chez Csoma le *valki* ou ministre du *gielpo* à Dardjilling, pour que celui-ci pût se convaincre du savoir du voyageur hongrois et comprendre ses intentions. Le *valki*, qui lui-même était fort savant, fit sa visite à Csoma, s'étonna beaucoup de sa parfaite connaissance de la langue tibétaine et admira surtout les connaissances qu'il avait acquises sur la littérature et la religion du pays. M. Campbell, en outre, fit connaître au ministre la vie de Csoma, et lui persuada que le *gielpo* n'avait aucune raison de craindre la visite d'un homme qui voyageait dans un but scientifique et qui d'ailleurs n'était pas Anglais; il ajouta que le gouverneur des Indes lui en aurait de l'obligation, parce qu'il s'intéressait à l'entreprise du voyageur.

» Dans ces circonstances, Csoma désira rester à Dardjilling jusqu'à ce que le gielpo eut fait une réponse favorable. Il parlait souvent de l'avenir à M. Campbell, et lui disait que tous ses désirs seraient comblés s'il pouvait parvenir jusqu'à Lassa. On peut dire que ses derniers jours furent les plus heureux de sa vie.

» Le 6 avril, M. Campbell alla le voir. Il était déjà mal, mais ne voulut prendre aucun remède, affirmant qu'il avait eu plusieurs fois la fièvre aux Indes et qu'il se guérissait avec la rhubarbe. Sur les prières de M. Campbell, il promit de faire le lendemain usage des remèdes, s'il ne se sentait pas mieux. Il refusa de le faire le jour même, disant qu'il était trop tard, puisque le soleil déclinait. Le lendemain M. Campbell le trouva mieux. Mais cet état ne dura pas : les symptômes du mal ne tardèrent pas à se montrer. Dans ce climat, il n'y a que des remèdes violents qui puissent faire cesser la fièvre, et si on ne parvient pas à l'arrêter, la troisième rechute cause la mort. Csoma refusa encore obstinément de prendre médecine. Le 9 avril, M. Campbell conduisit chez le malade le docteur Griffith ; mais le mal avait tellement augmenté, qu'il était dans le délire. Dans cet état, ce ne fut qu'avec beaucoup de peine qu'on lui fit prendre quelque remède. Le 10, la fièvre revint, et emporta toutes les forces du malade, qui mourut le 11 avril 1842, à cinq heures du matin. Sa manière de vivre depuis plus de vingt ans avait tellement affaibli et amaigri son corps, qu'il fut hors d'état de vaincre la maladie.

» Les dépouilles mortelles de notre Csoma furent déposées le 12 avril, à huit heures du matin, en présence de tous les Anglais, dans le cimetière de Dardjilling. M. Campbell prononça lui-même un discours pour honorer sa mémoire. C'est ainsi que notre illustre compatriote, que la mort a frappé à cinquante-sept ans, repose dans une petite ville des Indes orientales toute aussi inconnue que le lieu de sa naissance, un village du Háromszék, nommé Kőrős.

» La succession de Csoma consiste en quatre caisses de livres et de manuscrits, un habit bleu d'ancienne façon qu'il porta toujours et dans lequel il mourut, quelques chemises et un vase de cuisine en cuivre. Il laissa en outre cinq mille roupies en papier d'état, trois cents roupies en billets de banque, deux cent vingt-quatre roupies en diverses monnaies et vingt-quatre ducats cousus dans sa ceinture. Csoma ne manquait pas d'argent, grâce à l'empereur d'Autriche et aux deux tables de la diète de Hongrie, qui lui envoyèrent des secours pour l'aider dans ses recherches scientifiques. Lorsqu'au commencement de février, il partit de Calcutta, il légua cinq mille roupies à la Société asiatique de cette ville, au cas où il ne reviendrait pas du Tibet. Cette somme est destinée à quelque but littéraire.

» Csoma avait un genre de vie très simple. Sa nourriture consistait en thé, qu'il aimait beaucoup, et en riz légèrement préparé : encore en prenait-il fort peu. Il se tenait toujours sur une natte de paille, qui lui servait tout à la fois de lit et de table pour manger et travailler. Il ne se déshabillait pas pour dormir et ne quittait que rarement sa demeure. Il ne buvait jamais ni vin, ni boissons spiritueuses; il ne faisait usage ni du tabac ni de l'opium.

» Le baron Hügel rencontrait souvent Csoma à Calcutta. Il remarqua avec admiration que notre voyageur ne parlait jamais des privations qu'il avait supportées pendant ses pèlerinages en Asie. Dans les fréquents entretiens qu'ils eurent ensemble, il observa cependant une fois que sa vie lui était aussi chère qu'aux autres hommes qui s'engagent dans des entreprises extraordinaires. L'expression de ses sentiments était occasionnée par la découverte que la langue tibétaine était subordonnée au sanscrit. Il avait donc vécu tant d'années, aux frontières du Tibet, loin de toute société humaine, enfermé dans un cloître et en proie à la misère, pour apprendre un sanscrit corrompu ou plutôt un dialecte de cette langue! Il faut noter ici que Csoma avait passé onze années dans un cloître du Kaman : sa demeure était une chambre de neuf pieds carrés ; et quoique la température, pendant le tiers de l'année, soit de quinze degrés au dessous de zéro, il écrivait et lisait tous les jours sans feu. Il couchait sur le plancher de sa chambre, dont les murs seuls le garantissaient du froid. Dans cette misérable situation, il ordonna quarante mille mots tibétains, et écrivit le dictionnaire et la grammaire de la langue tibétaine. Découvrant, ainsi que nous l'avons dit, quelque analogie entre cette langue et le hongrois, il avait espéré trouver à Lassa la solution du problème qu'il avait cherchée toute sa vie. Toutes les forces de son âme étaient concentrées sur ce seul point. Lorsque M. Campbell parla de ce sujet pour la dernière fois, il lui ouvrit son cœur et lui fit part de ses vues, etc. »

Certes, on peut admirer cette énergie, cette persévérance à poursuivre un but ! Pour achever de faire connaître Csoma de Kőrős, je rapporterai un trait qui m'a été raconté par celui qui pouvait le mieux m'informer. Csoma avait quitté son pays pour commencer son grand voyage et il était sur le point de sortir de Transylvanie, quand il s'arrêta dans l'habitation d'un Magnat qui réside près de la frontière. Au moment du départ, on lui demanda naturellement où il allait. — « En Asie, répondit-il. — Qu'est-ce que cela ? demanda innocemment le seigneur, qui, voyant un jeune homme en petite jaquette, avec un mince bagage sur le dos, croyait qu'il s'agissait de quelque vallée voisine. Où est l'Asie ? — Mais... de l'autre côté de l'Oural. — Quoi ! c'est véritablement en Asie, en Asie, que vous allez ? — Assurément. — Et qu'y voulez-vous faire? — Mon but est de chercher le berceau de notre nation. — Votre projet est très beau, sans doute. Il est naturel que tout Hongrois s'y intéresse. M. de Humboldt partira bientôt pour l'Asie; mes amis obtiendront de lui qu'il vous emmène. — Merci. Il faudrait encore attendre, et je suis déjà en route. J'irai seul. — Savez-vous les langues orientales? — Non, mais je les apprendrai. — Je suppose alors que vous savez quelques langues européennes. L'anglais vous sera nécessaire aux Indes. — Je ne connais pas ces langues-là, mais je les apprendrai. — Avez-vous au moins quelques renseignements sur la route que vous devez suivre? Avez-vous quelques lettres? — Aucunement. — Et vous partez si intrépidement, quand vous savez quels obstacles vous attendent? — Je chercherai et je trouverai. Ces obstacles seraient insurmontables pour un autre, mais ma volonté est arrêtée. » En effet, franchissant un seuil qui m'est bien connu, il partit, léger de bagage et d'argent, quittant à jamais sa famille, ses amis, son pays, pour se vouer à une entreprise qui devait inutilement consumer sa vie !

TABLE DES MATIÈRES.

www.ingramcontent.com/pod-product-compliance
Lightning Source LLC
Chambersburg PA
CBHW052058090426
42739CB00010B/2226
9782012660687